大学英语教学实践探索

段晓璐 著

延边大学出版社

图书在版编目（CIP）数据

大学英语教学实践探索 / 段晓璐著. -- 延吉 : 延边大学出版社, 2023.7

ISBN 978-7-230-05227-6

Ⅰ. ①大… Ⅱ. ①段… Ⅲ. ①英语－教学研究－高等学校 Ⅳ. ①H319.3

中国国家版本馆CIP数据核字(2023)第137967号

大学英语教学实践探索

著　　者：段晓璐
责任编辑：董　强
封面设计：文合文化
出版发行：延边大学出版社
社　　址：吉林省延吉市公园路977号　　邮　　编：133002
网　　址：http://www.ydcbs.com　　E-mail：ydcbs@ydcbs.com
电　　话：0433-2732435　　传　　真：0433-2732434
印　　刷：廊坊市广阳区九洲印刷厂
开　　本：787×1092　1/16
印　　张：10.5
字　　数：220 千字
版　　次：2023 年 7 月 第 1 版
印　　次：2023 年 7 月 第 1 次印刷
书　　号：ISBN 978-7-230-05227-6

定价：78.00元

前　言

近些年来，经过无数英语教育工作者和学习者的共同努力，中国英语教育取得了巨大成就，为各行各业培养了大量的英语人才。进入新时代，中国面临着新的发展机遇，同时也面临着新的挑战。如何培养出满足新时代国家发展和民族复兴需要的英语人才，已成为当前我国英语教育亟待解决的问题。新时代中国特色社会主义对英语人才培养提出了新要求。当今世界，随着经济全球化，科技竞争加剧，大国博弈日趋复杂激烈，英语作为国际通用语，在新时代中国发展与民族复兴中扮演着重要角色。高校要培养出符合新时代中国发展和民族复兴需要的高级英语人才，就必须注重大学英语教学实践。

本书共六章。第一章从教学原则、理论基础、影响因素、教学方法等方面对大学英语教学进行了概述。第二章论述了大学英语的教学策略和学习策略。第三章介绍了大学英语教学常用的教学模式。第四章至第六章分别对大学英语听说教学实践、写作教学实践、阅读教学实践进行了分析。

在编写过程中，笔者搜集、查阅和整理了大量文献资料，在此对学界前辈、同人和所有为此书的编写工作提供了帮助的人员致以衷心的感谢。由于笔者能力有限，书中难免存在疏漏之处，还请广大读者不吝指教！

段晓璐
2022 年 12 月

目 录

第一章 大学英语教学概述 ... 1
第一节 教学原则与理论基础 ... 1
第二节 影响大学英语教学的因素 ... 12
第三节 大学英语的教学方法 ... 16

第二章 大学英语教学、学习策略 ... 25
第一节 大学英语教学策略 ... 25
第二节 大学英语学习策略 ... 31

第三章 大学英语教学模式实践 ... 42
第一节 教学模式概述 ... 42
第二节 任务型教学模式 ... 49
第三节 翻转课堂教学模式 ... 55
第四节 情感教学模式 ... 59
第五节 分级教学模式 ... 64
第六节 模块教学模式 ... 69
第七节 研究性学习教学模式 ... 71
第八节 ESP框架下大学英语教学模式 ... 76

第四章 大学英语听说教学实践 ... 93
第一节 "听"的技能培养 ... 93

第二节　大学英语复式听力教学 …………………………………………… 102

　　第三节　"说"的技能培养 …………………………………………………… 106

　　第四节　多媒体教学在大学英语视听说教学中的应用 …………………… 110

　　第五节　提高大学生英语听说能力的有效途径 …………………………… 116

第五章　大学英语写作教学实践 ……………………………………………… 120

　　第一节　句子写作 …………………………………………………………… 120

　　第二节　段落写作 …………………………………………………………… 129

　　第三节　短文写作 …………………………………………………………… 139

第六章　大学英语阅读教学实践 ……………………………………………… 147

　　第一节　阅读教学方法 ……………………………………………………… 147

　　第二节　大学英语阅读教学实践要点 ……………………………………… 152

参考文献 …………………………………………………………………………… 161

第一章　大学英语教学概述

第一节　教学原则与理论基础

大学英语教学是高等教育的有机组成部分，大学英语课程是大学生必修的一门基础课程。大学英语是以外语教学理论为指导，以英语语言知识与应用技能、跨文化交际和学习策略为主要内容，并集多种教学模式和教学手段于一体的教学体系。

一、教学原则

（一）以学生为中心原则

学生是教学活动的主体，因而在英语教学中应坚持"以学生为中心"的原则，充分发挥学生的主观能动性，从而使教学质量得以提高，教学任务顺利完成。

以学生为中心就是在教学过程中从学生实际出发（包括真实的学习目标、真实的学习机制、真实的学习动机、真实的学习兴趣、真实的学习困难等），设计和开展英语教学活动，鼓励学生参与、体验教学活动，使他们在整个活动中处于中心地位，从而培养学生的语言能力、交际能力和可持续发展能力等。

"教"与"学"是英语教学活动的两个重要方面，二者有着密切的关系。在英语教学中，既要注重教师的主导作用，又要注重学生的主体地位，坚持以学生为中心。只有将"教"与"学"协调起来，才能提高英语教学的质量。具体来说，"教"与"学"二者缺一不可。学生是学习的主体，要努力学习、勤学苦练；教师则要为学生的学习创造条件，并及时为学生提供帮助。换句话说，教师的"教"应建立在学生"学"的基础上，教学中的一切工作都应围绕学生的"学"进行，即英语教学应以学生为中心。

（二）交际性原则

英语作为一种语言，是人类最重要的交际工具之一。语言的本质功能是交际功能。美国社会语言学家戴尔·海姆斯（Dell Hymes）指出，交际是在特定语境中说话者和听话者、作者和读者之间的意义转换。交际主要有以下几个特点：

第一，交际有口语和书面语两种形式。

第二，交际只在一定的语境中发生。

第三，交际需要两个以上的人参与。

第四，交际需要两个或多个参与者之间的互动。

学习英语的目的在于用英语进行交际，而英语教学的目的是培养学生使用这种交际工具的能力。能够运用所学的语言知识在不同的场合下与不同的对象进行有效得体的交际就是交际能力的核心。因此，在英语教学中，教师应坚持交际性原则，使学生能够运用所学英语与人交流。此外，教师在教学过程中要努力做到以下几点：

第一，充分认识英语课程的性质。

第二，为学生创设各种情境。

第三，注意培养学生语言使用的得体性。

第四，做到精讲多练。

第五，确保教学内容与教学活动的真实性。

（三）系统性原则

要认识英语教学是什么及其与交际的关系，还必须看到英语教学的系统性。系统是什么？系统论的创始人路德维希·冯·贝塔朗菲（Ludwig Von Bertalanffy）认为，系统即有相互作用的元素的综合体。恩格斯指出："我们所面对着的整个自然界形成一个体系，即各种物体相互联系的总体……这些物体是互相联系的，这就是说，它们是相互作用着的，并且正是这种相互作用构成了运动。"如今，人们意识到无论是物质世界还是思维领域都具有系统性。研究系统的一般模式、结构和规律的学问就是系统论。在英语教学中，系统性原则的作用主要体现在：①使学生系统理解所学内容；②使学生能够建立起各个部分知识之间和新旧知识之间的联系。

现代教学论认为，教学之所以要循序、系统、连贯地进行，是由于教学中传授和学习的科学知识本身具有内在的逻辑联系，学生认识活动也是有由已知导向新知的顺序的，学生的智力和学习能力的发展也是有顺序的。教学不按照一定的顺序进行，就会违反教学的客观规律。教学循序、系统、连贯地进行，能够保证学生获得系统的知识，获得对客观世界的规律性认识，并有利于学生对知识的理解。教师应坚持系统性原则，引导学生逐渐掌握知识和技能。学生要想掌握新的知识和技能，就必须在原有知识和技能的基础上进行学习。由此可知，研究各年级的练习体系是十分重要的。科学的练习体系对提高教学质量意义重大。因此，教师在教学中应坚持系统性原则。遵循系统性原则，教师要从以下几个方面着手：

第一，对教学内容的安排要有严密的计划。

第二，有计划、有步骤地进行教学工作。

第三，指导学生系统连贯地进行学习。

第四，要注意各年级语言材料、知识、技能之间的衔接。

（四）真实性原则

所谓真实性原则，就是为了提高英语教学质量、教学效率和教学成绩，英语教师应该对教育因素的真实内涵，尤其是英语教育的真实目的、学生的真实学习目的、真实学习动力、真实学习兴趣、真实学习困难和真实学习动机等有所把握，并保证英语教学中的语义、语境、语用材料等的真实性。在英语教学中，遵循真实性原则就是保证各个环节的真实，以培养学生综合语言运用能力为总目标，以交际法和任务型教学为策略，使学生在真实的环境中获得真实的语言能力。在英语教学中遵循真实性原则，教师需要做到以下几点：

第一，把握真实语言运用的目的。

第二，采用语用真实的教学内容。

第三，设计组织语用真实的课堂教学活动。

第四，设计编排语用真实的教学检测评估方案。

（五）循序渐进原则

所谓循序渐进原则，是指教学活动要结合学科的逻辑结构和学生的身心发展情况，有步骤地进行，以使学生能够有效掌握系统知识，身心得以健康发展。这一原则符合科学知识发展的客观要求，也是教学制约学生身心发展规律的反映。坚持循序渐进原则，有助于学生将已有知识和生活经验联系起来，认清事物发生及发展的过程，明确所学内容，逐步掌握解决问题的方法，提高解决问题的能力。在教学过程中贯彻循序渐进原则，教师应做到以下几点：

第一，精心设计每个教学环节，明确各个教学环节的目标，选择最佳的方法及手段，使知识的呈现更加生活化和生动化，使操作技能与逻辑思维的发展有机结合。

第二，保证每个教学环节过渡自然，做到承上启下。

第三，有序拓展知识网络，以使学生形成较为完整的知识体系。

（六）发展性原则

教学是传授知识的过程，也是促进学生身心发展的过程。在传授知识的同时，促进学生的身心发展是教学过程的客观要求。教学的发展性规律主要是在教学过程中，在传授知识的同时，影响学生以智力为核心的身心发展。据此，我们可着重分析一下掌握知识与发展智力之间的关系。在教学过程中，向学生传授知识和发展学生智力并不是相互对立和相互排斥的，而是相互促进、相辅相成的。因此，学生的发展可以看作生命整体的成长，并且这个发展过程既有内在的和谐性，又有外在能力的多样性以及身心发展的统一性。要实现英语教学的发展性，教师需要做到以下几点：

第一，关注每个学生的成长，以保证所有学生都能有所发展。

第二，充分挖掘课堂存在的智力和非智力资源，并合理、有机地实施教学，使之成为促进学生发展的有利资源。

第三，为学生设计一些对其智慧和意志有挑战性的教学情境，激发他们的探索和实践欲望，使教学充满激情和活力。

（七）文化导入原则

众所周知，语言是文化的载体，语言离不开文化，也不能脱离社会而存在。此外，语言还是人们了解社会现实生活的导向。通过分析语言特征和使用过程等，可以了解一个民族的思维、生活等的特点。可以说，语言是每个民族文化的镜子，也是每个民族文化的表现形式。因此，在进行英语教学时，教师要重视英语国家的文化和社会习俗，帮助学生了解文化差异，拓宽视野。学生学英语是为了用英语进行交际，如果不了解英国家的文化和社会习俗，也就很难得体地使用语言。教育部制定的《普通高中英语课程标准（2017年版2020年修订）》中明确指出："普通高中英语课程的总目标是全面贯彻党的教育方针，培育和践行社会主义核心价值观，落实立德树人根本任务，在义务教育的基础上，进一步促进学生英语学科核心素养的发展，培养具有中国情怀、国际视野和跨文化沟通能力的社会主义建设者和接班人。""文化意识目标：获得文化知识，理解文化内涵，比较文化异同，汲取文化精华，形成正确的价值观，坚定文化自信，形成自尊、自信、自强的良好品格，具备一定的跨文化沟通和传播中华文化的能力。"普通高中的英语教学要求尚且如此，大学英语教学更要注重文化的导入。

在英语教学中，教师可以从以下几个方面来进行文化教学：

第一，注意捕捉教材中的文化信息。

第二，运用真实的情境教授文化知识。

第三，认真分析中西方文化的差异。

第四，充分利用多媒体与网络进行教学。

（八）可持续发展原则

在完成基础英语的学习之后，学生还要继续学习更高级别的英语。因此，在英语教学中，教师要坚持可持续发展原则，在教学实践中自觉为学生打好向高级英语学习的基础。教师具体可从以下两个方面着手：

1.做好知识的前后正迁移

遗忘是学习任何知识都不可避免的问题，因此必须通过巩固来习得语言知识。但是，仅凭消极的巩固往往难以取得满意的效果，因此教师需要在教学中培养学生的英语实践能力，使学生在发展中不断巩固所学知识。例如，在讲解间接引语"Granny told you not to be late for school."这一新句型时，需要由旧句型"Don't..."引入。可以说，在讲解句型"Don't be late for school."时也对旧句型进行了复习，这就达到了巩固的目的，增强了"Don't..."的可利用性。但新旧句型还是有一定区别的，其关键是要将"don't..."改成"not to..."。因此，教师在教学中应尽可能通过各种方法来增大正迁移量，以便学生更好地掌握知识和提高实践能力。

2.培养学生学习英语的正确态度

在日常的英语课堂教学中，教师要注意培养学生积极的情感态度，针对学生学习过程中出现的具体问题进行有针对性的引导,帮助学生解决情感态度方面的问题。此外,教师还要注意建立情感态度的沟通渠道。教师可以通过课堂教学建立情感态度的沟通和交流渠道,如营造融洽、民主、团结的课堂氛围等。在沟通和讨论过程中,教师要注意学生的感受,避免伤害学生的自尊心。此外,情感具有外在和内在的表现,教师要仔细观察,了解学生的情感态度,以培养学生学习英语的正确态度。

二、理论基础

(一)历史比较语言学

19世纪,在语言研究内部发展需求的推动下,在比较解剖学、生物进化学说等自然科学以及其他因素的影响下,语言学家开始将语言作为一个独立的对象进行研究,并形成了历史比较的研究方法,从而形成了语言学史上第一个相对独立的学派——历史比较语言学。历史比较语言学是历史语言学中的一个重要部分。历史语言学采用的主要方法是对不同语言或者同一种语言的不同发展阶段作比较分析,运用这种比较方法研究语言历史演变的学科称为历史比较语言学。利用这门学科,一方面可以研究相关语言之间结构上的亲缘关系,找出它们的共同母语,或者明白各种语言自身的特点对语言教学起到的促进作用;另一方面,可以找出语言发展的轨迹和导致语言发展的原因。19世纪,历史比较语言学就广泛应用于印欧语系的语言研究,并取得了很大成就。

自问世以来,历史比较语言学所取得的最大成绩就是对语言之间的亲缘关系有了比较明确的认识,尤其是在印欧语系的谱系分类方面;其次是有助于人们对有关原始母语的表现形态和使用地区的了解。作为一种科学的研究工具,历史比较语言学不仅可以用于印欧语系的语言,也可以用于其他语言。

(二)结构主义语言学

结构主义语言学是"现代语言学之父"——弗迪南·德·索绪尔(Ferdinand de Saussure)提出的一种着重研究语言结构的语言学理论。索绪尔认为,语言是一个完整的、自足的符号系统,其中各个成分之间存在着相互依赖、相互制约的关系。他还认为:对语言系统既可作历时性研究,即研究语言在历史上的演变过程;也可作共时性研究,即研究一种语言或多种语言在某一历史阶段的情况。结构主义语言学研究的是语言成分之间的横向组合关系。语言中任何一个词或语句存在意义,不是由于它本身的性质,而是由于在语言系统中与别的词的关联,如形成一定的对比关系,即"两项对立关系"等。索绪尔的结构主义语言学理论主要产生了以下两个方面的影响:

1.为现代语言学的研究指明了方向

索绪尔除了系统阐述了语言的符号性质,明确了现代语言学的研究方向,还规定了语言学研究的任务,即把语言作为一个单位系统和关系系统进行共时的结构描写和分析,目的是揭示语言结构的共时特点和规律,从而认识语言的本质。在索绪尔结构主义语言学理论的影响下,20世纪二三十年代,语言学从历时研究转向了共时分析,语言学界不仅出现了结构主义的三大流派(哥本哈根学派、布拉格学派、美国描写语言学派),还启发和影响了其他学派(如伦敦学派、莫斯科学派等)。

2.为现代语言学奠定了方法论基础

根据结构主义的基本理论,索绪尔提出了语言和言语、共时和历时、内部和外部等二分术语,并且提出语言各个层面的要素都存在着两种根本的关系,即对立与互补、组合与聚合。索绪尔的这些分析和思考不仅明确了语言研究的范围,而且确定了结构主义语言学的方法论基础。

(三)社会语言学

语言是人类社会的特殊现象和最重要的交际工具,语言离不开社会,语言学也离不开社会学。人类语言的发展与社会发展密切相关,语言不可能离开社会而独立存在;没有了语言,人类社会就会停滞和崩溃。人类虽然有语言的生理本能,但离开了社会环境也会丧失这种本能,即语言习得也离不开社会。社会语言学主要是指运用语言学和社会学等学科的理论和方法,从不同的社会科学的角度去研究语言的社会本质和差异的一门学科。社会语言学的观点是,语言的本质功能是语言的社会交际功能。海姆斯认为,社会化的过程是儿童习得母语的最好环境,不仅能使他们理解本族语的习惯并说出符合语法的句子,而且能使他们在一定的场合和情境中恰当使用语言。20世纪70年代初,海姆斯提出了交际能力的概念。他指出,交际能力是运用语言进行社会交往的能力,既包括言语行为的语法正确性和社交得体性,又包括语言能力和语言运用能力。

（四）行为主义心理学

行为主义产生于 20 世纪 50 年代的美国，其代表人物是约翰·布罗德斯·华生（John Broadus Watson）和伯尔赫斯·弗雷德里克·斯金纳（Burrhus Frederic Skinner）。华生认为，人和动物的行为有共同的因素，即刺激和反应。心理学只需要关心外部刺激怎样决定某种反应，而不应去管行为的内部过程。他还指出，动物和人的一切复杂行为都是在环境的影响下通过学习而获得的。斯金纳在其《言语行为》一书中点出了行为主义关于言语行为系统的看法。他认为，人类的言语、言语的每一部分都是由某种刺激产生的。这里的"某种刺激"可能是言语的刺激，也可能是外部的刺激或内部的刺激。关于斯金纳的条件反射理论，有一个非常恰当的例子：一个人口渴时会说"I would like a glass of water."。斯金纳还指出，人的言语行为跟大多数行为一样，是一种操作性的行为，是通过各种强化手段获得的。因此，课堂上如果学生做出了操作性的反应，教师就要及时给予强化。如果学生回答正确，教师就可以说"好"或"正确"；如果学生回答错误，教师就可以说"不对"或"错了"。这样可以使学生的言语行为得到强化，发生错误的可能性降低，从而使学生学会使用与其语言社区相适应的语言形式。语言学习是在不断强化的过程中形成的，当反应重复出现时，学习就发生了。

（五）人本主义学习理论

人本主义学习理论的主要观点如下：

第一，强调人的价值，重视人的意识所具有的主观性、人的选择能力和意愿。

第二，学习者是学习的主体，应该得到尊重，任何正常的学习者都有能力教育自己。

第三，人际关系是学习者有效学习的重要条件，它在学与教的活动中营造了接受的氛围。

总之，语言学习既离不开教师对语言知识的传授，又离不开大量的语言实践活动。学习语言的目的是交流信息、沟通思想，因而教师与学生面对面的语言交流和互动才是最有效的学习途径。由于情感因素是人本主义学习理论的最大特点，所以教师在语言教学中要坚持以学生为中心，突出学习过程和自我实现的价值，认真贯彻以人为本的原则。

（六）发生认识论

20世纪60年代初，瑞士著名心理学家让·皮亚杰（Jean Piaget）提出并创立了发生认识论。发生认识论试图以认识的历史、社会根源以及认识所依据的概念和运算的心理起源为根据来解释认识，特别是科学认识。因此，它具有两个基本特点：第一，用发生学的观点和方法研究人类的认识，强调认识的个体心理起源和历史发展。皮亚杰认为，传统的认识论只注意认识的高级水平及最后结果，近现代的认识论则只做认识的逻辑分析或语言分析，这些是不够的，需要研究认识的心理发生加以补充。他主要是从生物学出发，通过心理学的桥梁来得到认识论的结论。第二，发生认识论不是或不只是传统的认识论，而是要对各门科学中的认识论问题进行研究。这就需要各门学科的专家进行合作。因此，发生认识论是跨学科的理论。

皮亚杰指出，不管人的知识多么高深、复杂，都是从童年时期开始的，甚至可以追溯到胚胎时期。皮亚杰认为，影响儿童思维发展的四个主要因素是成熟、自然经验、社会经验和平衡。他特别强调平衡的作用，认为不只是人的认识，人的道德情感也是在主客体相互作用的过程中由主体通过自我调节不断地形成的。

（七）建构主义理论

建构主义理论是认知心理学派的一个分支。建构主义理论的一个重要概念是图式，图式是指个体对世界的知觉理解和思考的方式。图式是认知结构的起点和核心，或者说是人类认识事物的基础。因此，图式的形成和变化是认知发展的实质，认知发展受三个过程的影响：同化、顺应和平衡。建构主义理论注重认识的能动性。建构主义的代表人物有：皮亚杰、劳伦斯·科尔伯格（Lawrence Kohlberg）、罗伯特·J. 斯滕伯格（Robert J. Sternberg）、维果茨基（Лев Семёнович Выготский）等。在皮亚杰提出的"认知结构说"的基础上，科尔伯格进一步研究了认知结构的性质与发展条件；斯滕伯格等人强调人体的主动性在构建认知结构过程中的作用，并探索了在认知过程中如何发挥个体的主动性；维果茨基提出的"文化历史发展理论"强调学习者所处的社会文化、历史背景在认知过程中的作用，并提出了"最近发展区"理论。这些研究丰富和完善了建构主义理论，有助于建构主义理论更好地应用于教学。

建构主义理论提倡在教师指导下的、以学习者为中心的学习，也就是说，既强调学习者的认知主体作用，又不忽视教师的指导作用。根据建构主义理论可知，教师是意义构建的帮助者、促进者，而不是知识的传授者与灌输者；学生是信息加工的主体，是意义的主动构建者，而不是外部刺激的被动接受者和被灌输的对象。直到 20 世纪 90 年代，随着科学技术的迅猛发展，多媒体和网络技术为建构主义学习理论环境提供了技术支持，使得建构主义学习理论教学设计思想得以实现。

（八）二语习得理论

1960 年开始，有人研究人们获得语言能力的机制，尤其是获得外语能力的机制，综合了语言学、神经语言学、语言教育学、社会学多种学科，慢慢发展出一门新的学科，即"二语习得"。二语习得理论的主要代表人物是美国著名语言教育家斯蒂芬·D. 克拉申（Stephen D. Krashen）。克拉申是在总结自己和他人经验的基础上提出这一理论的。二语习得理论共包含五个假设，即习得/学习假设、自然顺序假设、监控假设、情感过滤假设、输入和输出假设。

1.习得/学习假设

根据习得/学习假设，培养外语能力主要有两种途径：习得和学习。习得是一种自然的方式，它是一种不易被察觉的过程——学习者在有意义的交际中，通过对语言的理解和使用，自然形成使用语言的能力。而学习则是一种有意识地学习语言规则的过程。学习的目的是弄懂语言知识，并能表述出语言的规则。

对习得和学习的区分，以及对它们各自在习得者第二语言能力形成过程中所起的作用的认识，是克拉申理论的出发点和核心。在习得/学习假设中，克拉申将学习和习得区分开，他将习得看作在学习者无意识的状态下获得语言的过程，将学习看作学习者有意识地通过课堂学习等方式获得语言的过程。

2.自然顺序假设

研究发现，正如第一语言习得一样，第二语言习得也揭示出一种可以预见的顺序习得语言规律。学习者掌握某些规则的快慢并不仅仅由规则的简单或复杂决定。最简单的规则不一定是最先习得的规则。在第二语言教学的课堂上也是如此。例如，学习英语一般现在时时，第三人称单数要加"s"，这个规则十分简单，但即便是高水平的第二语言习得者，在语言产出中也往往无法正确使用这个规则。

3.监控假设

监控假设与习得/学习假设有着密切的关系，它体现了语言习得与学习的内在联系。语言习得系统（即潜意识语言知识）才是真正的语言能力。而语言学得系统（即有意识的语言知识）只在第二语言运用时起监控或编辑的作用。这种监控作用既可能发生在语言输出前，也可能发生在语言输出后。

需要指出的是，监控能否发挥作用还要取决于以下三个条件：

第一，要有充足的时间。

第二，必须将注意力放在语言形式的正确性上。

第三，需要知道如何运用规则。

4.情感过滤假设

情感过滤是一种内在的处理系统，通过情感因素阻止学习者对语言的吸收，它是阻止学习者完全消化其在学习中所获得的综合输入内容的一种心理障碍。

5.输入和输出假设

输入假设也是克拉申语言习得理论的核心部分，他曾用一本专著对其进行了论述。克拉申认为，只有当习得者接触到"可理解的语言输入"，即略高于他现有语言技能水平的第二语言输入，而他又能把注意力集中于对意义或对信息的理解而不是对形式的理解时，才能产生习得。这就是著名的"$i+1$"公式。i代表习得者现有的水平，$i+1$代表略高于习得者现有水平的语言材料。

克拉申的输入假设和梅里尔·斯温（Merrill Swain）的输出假设从两个不同的侧面来讨论语言习得的观点，都有合理成分，都对外语教学有一定的启示。与克拉申的输入假设不同，斯温认为，输出对二语习得的影响更大。斯温根据自己的"沉浸式"教学实验，提出了输出假设。斯温认为语言输入是二语习得的必要条件，但不是充分条件；要使学习者达到较高的外语水平，除了靠可理解的语言输入，还需要靠可理解性输出；学生需要被迫使利用现有语言资源，对将要输出的语言进行构思，保证其更恰当、更准确，并能被听者理解。这样既可以提高学习者语言使用的流利程度，又能使他们意识到自己在使用语言的过程中存在的问题。因此，在大学英语课堂教学中，教师应给学生足够的时间和机会使用语言，以增强他们使用语言的流利性和准确性。

第二节　影响大学英语教学的因素

一、国家教育政策

我国大学英语教学受国家教育政策的影响。例如，全国性的针对非英语专业学生的大学英语四、六级考试影响较大，每年大学英语四、六级考试期间，其相应的附属产品便占据了面向高校学生的书店。

除了大学英语四、六级考试，我国教育部颁布的任何一项有关大学英语教学的规章制度都会对其产生极大影响。大学英语教学改革对大学英语教学产生了以下几个方面的积极影响：

第一，此次改革促进了学生英语综合应用能力，尤其是听说能力和自主学习能力的提高。

第二，此次改革使大量新型的、复合型的大学英语教师涌现出来，这些教师熟悉英语教学的相关理论，有较强的英语运用能力，能合理运用现代教育技术，并能灵活使用计算机进行教学。在改革的过程中，有些教师及时转变教学理念，并将这些理念转化为自觉的教学行为；努力转变角色，使自己成为英语教学的指导者、促进者、监控者和管理者。

第三，此次改革还有助于大学英语教学管理机制的健全。有的学校采用了项目驱动、绩效管理的方式，并逐渐形成激励机制；有的学校形成了校园二级督导和师生教学评价机制，并形成了健全的保障机制。

二、社会需求与环境

随着社会的快速发展，我国对具有英语（或者其他外语）语言能力人才的需求越来越大，要求越来越高。越来越多的中国人和中国企业走出国门，越来越多的外国人和外国企业也走进了中国，引发了中国人学习英语（或者其他外语）的热潮。大学英语四、六级就是在这一时代背景下逐步成长壮大起来的，同时它也对大学英语教学和学习起到了相当的反拨作用。社会的这种需求使大学英语教学显得越来越重要，其对不同人才的具体要求也是不同的。例如，随着我国与世界交流的日益频繁以及国际地位的日益攀升，我国对专业的同声传译人才的需求越来越大，可是专业的同声传译人才却供不应求。目前，专业的同声传译人才在北京、上海、广州都不多，其他城市更加稀缺。同样，我国许多行业对英语专门人才的需求量也很大，但能熟练使用英语的工程技术、金融、IT（信息技术）等人才却很少。据了解，当前有很多IT行业都在实行软件外包，英语对项目开发有着重要作用。从事这些项目的技术人员仅凭几百个专业词汇是不足以读懂计算机科技类文章的，因此英语水平的高低直接决定着从业人员的发展前途。此外，外交官、科研人员等也需要具备满足其工作需要的英语能力。

总而言之，我国社会发展的需求与社会环境对大学英语教学的影响是很大的。社会对英语人才的需求量越大、质量要求越高，对大学英语教学的推动力就越强。

三、教师

教师是大学英语教学的重要因素之一，在英语教学中起着主导作用。在大学英语教学中，教师一般会扮演两种角色，即掌控者和引导者。一位合格的英语教师首先应该具有纯正的英语发音。然而，并非所有的英语教师都具备这一能力，教师可借助VCD（激光压缩视盘）、广播以及多媒体等手段来弥补自己的不足，保证学生能听到纯正的英语发音。另外，在讲解单词、句子、课文时，教师应进行必要的解释，可反复讲解难懂的知识点。

在英语课堂上，教师的讲话常常占据课堂的大部分时间。不可否认，教师的讲解有利于学生掌握语言知识，但在一定程度上也缩短了学生的练习时间。同时，教师还要注意采用多样的教学形式，以增强课堂的趣味性。一个有着丰富经验的英语教师应该有极强的应变能力，能预测课堂活动中出现的情况，能很好地处理课堂上的突发事件，确保课堂活动的有序开展。

教师还要不断改变自己的提问方式、语言运用方式和提供反馈的方式。在英语课堂上，提问是教师常用的一种教学策略，可以有效激发学生的学习兴趣，促使学生积极思考。另外，语言运用的方式也很重要，为了让学生理解、掌握所学知识，教师在教学中可以采用重复话语、降低语速、增加停顿、改变发音、调整措辞、简化语法规则、调整语篇等措施。

提供反馈是指教师对学生的学习情况作出反馈。教师的反馈可以是对学生话语的回答，如表明学生回答正确或错误，重复学生所答内容，总结学生所答内容，纠正学生所答内容等。

综上所述，教师是大学英语教学的实施人，是大学英语学习者的亲密伙伴，是大学英语教学不可或缺的关键要素，对大学英语教学有着至关重要的影响。

四、教材与教法

（一）教材

教材分广义和狭义两种。狭义的教材指教科书，而广义的教材指课堂上和课堂外教师和学生使用的所有教学材料，如课本、练习册、活动册、故事书、补充练习、辅导资料、自学手册、计算机光盘、复印材料、报纸杂志、广播电视节目、幻灯片等。可以说，凡是有利于学生增长知识或发展技能的材料都可称作教材。鉴于教材在教学中的重要地位和影响，教师要有正确、全面的教材观，这样才能充分发挥教材的作用，发挥教和学的多元化、多渠道、多方位功能，提高教学效率和教学效果。

此外，语言教材与其他学科的教材是有区别的。大学英语教材所承担的任务比其他教材要艰巨。一方面，教材要坚持科学的语言学习观，向学习者输入一定的语言学习理念；另一方面，教材要尽可能根据学习者的学习规律和需求为其提供大量的语言素材，使学习者在不利的语言学习环境下也能提高学习效率。

如果将大学英语教学过程看成一个链条，课堂教学则是整个教学链上的一环，而教材只是课堂教学的一种载体或媒介。但在缺乏语言学习环境的条件下，就是这个小角色承载着课堂教学的大多希望。可见，教材对英语课堂教学有着至关重要的作用。

（二）教法

此处的教法指的是教学理论、方式、方法和途径。大学英语课堂教学就算具备了等同的教师、教材、学生等教学要素，教学效果也会有所不同，因为这里还存在着许多变量。例如，由于教学方式和方法不同，即使是同一个教师，运用相同的教材，面对近乎相同的学生,其教学效果也会大不一样。而不同的教师运用不同的教材和不同的教学方式与方法来教不同的学生则会对教学效果产生千差万别的影响。教学过程中的任何变量都会对教学过程产生影响,甚至影响教学的最终效果。不同的教法会对其他关键的教学要素(如教师和学生等)产生影响,自然也会影响教学效果。

五、学生及其环境

学生及其环境指的是学生个人及其学习环境,不仅包括学生个人及其周围小环境,还包括学生群体及其学习的大环境。学生是整个教学链中的最后一个环节,也是最为重要的一个环节,因为前面所有的环节都是为这一主体服务的。学生学习的效果最优化是整个教学过程和教学活动的终极目标,而学生及其环境将影响大学英语教学的效果。在英语教学中,学生常常扮演以下四种角色:

第一,主人。学生是大学英语教学的主人。学生对知识的探索、发现、吸收以及内化等都有助于其知识体系的构建,有助于其世界观、人生观和价值观的形成。

第二,参与者。作为英语教学活动的重要参与者,学生还应积极主动地参与各项活动,积极思考,勇于表达自己的观点,展示个人的才能。

第三,合作者。英语课堂活动是师生之间及学生之间共同进行的,因而团队合作是不可缺少的。

第四,反馈者。在英语教学中,学生对教学的反馈是教师教学的重要依据。学生可以结合自身的学习经历和教学法的实用性向教师提出建议或意见,并协助教师调整教学内容、完善教学方法,从而提高教学效果。

一般来讲,学生这个群体及其共同学习产生的大环境将会对大学英语教学产生极大影响。学生本身已具备的语言知识资源将对其未来语言学习产生影响。学生本身的学习动机对大学英语教学有很大的影响,学生的年龄对学习也有很大的影响。

影响学生学习效果的还有其他一些因素,如心理、兴趣、性格和学习策略等。由于学生是学习的主体,因此与这个主体相关的很多因素都会对学习的效果产生一定的影响。同样道理,这些因素对大学英语教学也会产生影响。

第三节　大学英语的教学方法

一、情境教学法

情境教学法是指在教学过程中，教师有目的地引入或创设具有一定情绪色彩的、以形象为主体的生动具体的场景，以引起学生一定的态度体验，从而帮助学生理解教材，并使学生的心理机能得到发展的教学方法。

情境教学法是 20 世纪 30 年代至 60 年代期间由英国应用语言学家创立的英语教学法。情境教学法的主要代表人物有哈罗德·帕尔默（Harold Palmer）。情境教学法由建构主义理论、情境认知理论等多种学说汇集而成，符合人类大脑的活动规律。根据生理学家的有关研究，人体大脑的左半球主要负责执行语言、逻辑、数学和书写等分析性的任务，而大脑的右半球则负责处理空间概念、图表、图案、音乐、颜色等直观性的事物。虽然大脑的两个半球分别执行不同的任务，但二者并非孤立运行，而是需要相互补充、相互支持、相互协作的。情境教学法既注重听说，又重视身临其境的表演。运用情境教学法进行英语教学，可使学生两个脑半球始终处于兴奋的状态，使学生的注意力高度集中。

（一）情境教学法的功能

情境教学法具有以下功能：

1.陶冶功能

情境教学能够陶冶人的情感，净化人的心灵。

在教育心理学上讲陶冶，意即给人的思想意识以良好的影响。

情境教学的陶冶功能就像一个过滤器，可以使人的情感得到净化和升华。它剔除了情感中的消极因素，保留了积极成分。这种净化后的情感体验具有更强的调节性、动力性、感染性、强化性、定向性、适应性、信号性。

2.暗示或启迪功能

情境教学可以为学生提供良好的暗示或启迪，有助于锻炼学生的创造性思维，培养学生的适应能力。

众所周知，人的社会化过程即形成一切社会关系的总和。这一从自然人转化为社会人的过程，实际上完全是社会、家庭、学校、种族、地理等因素共同作用的结果。这些作用有的被我们感知到，但更多的则不知不觉地影响着我们。

情境教学，是在对社会和生活进一步提炼和加工后才影响学生的。诸如榜样作用、生动形象的语言描绘、课内游戏、角色扮演、诗歌朗诵、绘画、体操、音乐欣赏、旅游观光等，都是寓教学内容于具体形象的情境之中的，其中也就必然存在着潜移默化的暗示作用。

换言之，情境教学中的特定情境提供了调动人的原有认知结构的某些线索，经过思维的内部整合作用，人就会顿悟或产生新的认知结构。情境所提供的线索起到一种唤醒或启迪智慧的作用。比如正处于某种问题情境中的人会因为某句话、某些事物而受到启发，从而顺利解决问题。

（二）情境教学法的原则

为了更好地应用情境教学法，教师应遵循以下原则：

1.意识与无意识统一原则和智力与非智力统一原则

人的认知规律要求在教学中既要考虑如何使学生集中思维，培养其刻苦和钻研精神，又要考虑如何调动其情感、兴趣、愿望、动机等对智力活动的促进作用。教师在鼓励学生刻苦努力时，很可能已经无意识地暗示了学生：你能力不行，所以要努力。这样就在无形中增加了他们的畏难情绪。如果教师能意识到这一点，就会把学生视作理智与情感同时活动的个体，就会想方设法地去调动学生身心各方面的潜能。无意识与意识统一、智力与非智力统一，其实就是一种精神的集中与轻松并存的状态。这时，人的联想在自由驰骋，情绪在随意起伏，感知在暗暗积聚，技能在与日俱增。这正是情境教学要追求的效果。

2.愉悦轻松体验性原则

该原则根据认知活动带有体验性和人的行为效率与心理激奋水平有关而提出。该原则要求教师在轻松愉快的情境或气氛中引导学生产生各种问题意识，展开自己的想象，寻求答案，分辨正误。这一原则指导下的教学，思维的"过程"同"结果"一样重要，目的在于使学生把思考和发现体验视为一种快乐，而不是一种强迫或负担。

3.师生互信互重下的自主性原则

该原则强调两个方面：一是良好的师生关系。良好的师生关系是情境教学的基本保证。教学本是一种特定情境中的人际交往，情境教学更强调这一点。教师必须充分了解学生，学生也必须充分了解教师，彼此形成一种默契。二是学生在教学中的主体地位。学生在教学中的主体地位决定了自主性侧重教师鼓励学生独立思考和自我评价，培养学生的主动精神和创新精神。这一原则要求教师在情境教学中从学生的实际出发，使学生在完成学业的同时得到如何做人的体验。它意味着一切教学活动都必须建立在学生积极、主动和快乐的基础上。

二、交际教学法

交际教学法产生于20世纪70年代初期，英国学者为创立交际教学法作出了杰出贡献。交际教学法的出现标志着在外语教学中人们开始从只注意语言形式和结构的教学转向注意语言功能的教学。"交际能力"这一概念是由海姆斯提出来的。海姆斯认为，一个学习语言的人不仅要能识别句子是否合乎语法规则，还要有造出合乎语法规则句子的能力，另外还需懂得怎样恰当使用语言。之后，斯温等将交际能力分为四个方面：语言能力、社会语言能力、语篇能力和策略能力。

第一，语言能力。为了更好地表达意义，学习者必须掌握一定的词汇和句法知识。

第二，社会语言能力。这种能力主要包括在不同的社会语言环境中恰当使用语言的能力。

第三，语篇能力。在语言交际过程中，无论是语言输入还是输出都需要交际者具备一定的感知和处理语篇的能力。

第四，策略能力。当学习者的上述能力不全面时，可以用策略能力加以弥补。

从20世纪70年代中期起，越来越多的人赞同从社会的角度来观察语言，于是社会需求和"交际能力"这一概念相结合，便形成了交际教学法。随后，此方法传入中国并在英语教学中得到了普及。

交际教学法在教学过程中具有下面几个特点：

第一，在交际化的教学过程中应该以学生为中心。以学生为中心开展的课堂活动一般被看作主动的学习过程。在这一过程中，学生需要扮演积极的角色来学习新的语言内容，同时运用所学语言去表达自己的思想。要创造以学生为中心的教学环境需要两个方面的条件：一方面，要求为学生提供带有真实意义的语言交际情境，使学生在交际活动中有计划地表达自己的思想，并能够进行双向的交流；另一方面，学生自己要有参加这些交际活动的意愿。

第二，重视教学环境的真实性。约翰·伊登斯尔·利特尔伍德（John Edensor Littlewood）曾指出："交际法使我们更强烈地意识到只教会学生掌握外语的结构是不够的，学习者还必须掌握在真实的环境中将这些语言结构运用于交际功能中去的策略。"在外语教学中，教师要积极创造真实的语言交际环境，使学生在交际活动中掌握使用语言的能力。

第三，重视教学方式的真实性。为了使学生参与各种语言实践活动，教学方式也应作出相应改变。

第四，重视教学过程的交际化。交际教学法还要突出学生的语言交流和互动作用。具体来说，在交际化的教学中，教学的重点要从语言的形式转向内容，从单项的语言知识传授转向双向的互动式语言实践。

在大学英语教学中应用交际教学法，应注意以下几点：

第一，丰富教学内容。教材是教学之本，但这并不意味着教学要完全依赖教材。教师要积极丰富教材。丰富教材的方式有很多，如教师可以从报纸、书籍、杂志、电视甚至网络上筛选材料。此外，在组织教学时，教师应尽量模拟真实的语言环境，使教学内容反映真实的社会。

第二，组织交际活动。运用交际教学法时，教师要有效组织交际活动，使交际活动达到目的性、可靠性和趣味性的统一。灵活组织交际活动，可以使学生将学到的知识应用到实际中。教学过程本身就是一个从始端向终端扩展和强化的不间断的过程，交际化的活动是实现英语教学过程交际化的关键，教师要让学生在自己的生活经验的基础上进行课堂活动，在活动中运用知识，最终丰富自己的生活经验。

三、任务教学法

　　任务教学法也叫任务型教学法，是西方英语教育界自 20 世纪 80 年代以来的发展成果。任务教学法的代表人物是美国教育家约翰·杜威（John Dewey）。任务教学法是交际教学法的延伸，是一种强调"在做中学"的语言教学方法。该方法是一种以具体的学习任务为学习动力或动机，以完成任务的过程为学习过程，以展示任务成果的方式来体现教学效果的方法。任务教学法是交际教学法的一种发展形态，在本质上仍属于交际教学法的范畴。早期的交际教学法所使用的一些活动也属于任务教学法的范畴，比如不对等信息和信息交换等活动。这些活动把提高交际能力和语言使用能力当成主要的教学目的。总之，任务教学法体现了较为先进的教学理念，是一种值得推广的有效的英语教学方法。

　　在课堂教学中，使用任务教学法需要具备六个要素：目标、输入材料、内容、情境、程序、角色。

　　第一，目标。如同日常生活和工作中的任务一样，教学任务首先具有目的性，也就是说，它应该具有较为明确的目标指向。这种目标指向具有两重性，一是任务本身要达到的非教学目的，二是利用任务所要达到的预期教学目的。

　　第二，输入材料。输入材料是指在完成任务的过程中所使用或依据的辅助资料。这些材料的形式是多样的，可以是语言形式，也可以是非语言形式。

　　第三，内容。在课堂教学中，任何一个任务都要有一定的内容，这样才能实施任务。任务的内容在课堂上的表现就是需要学生实施和参加的具体行为和活动。

　　第四，情境。任务情境是指任务所产生和执行的环境或背景条件，在这些条件中，包括语言交际的语境。在任务教学中，情境的创设应尽量接近真实生活，从而提高学生对语境和语言之间关系的认识。

　　第五，程序。任务教学中的程序是指安排任务教学中的各要素该如何进行，包括任务序列中某一任务所处的位置、先后次序、时间分配等。

　　第六，角色。在任务教学中，主要有教师和学生两种角色。其中，教师的角色有多种，既可以是任务的参与者，也可以是任务的指导者和监控者，但无论扮演什么角色，都是为了更好地完成教学任务。

　　在英语课堂上所应用的任务应该具有以下特征：其一，任务可以促进语言学习者在语言各个方面的提高；其二，语言学习者在承担并完成该任务的过程中使用自己已有的语言资源；其三，该任务最后会产生一个成果，虽然语言习得有可能伴随该任务的实施过程而发生，但是这个成果不仅仅与语言习得相关，或者说最理想的成果应该是非语言成果。任务实施的重点是有意义的沟通，也就是要让学习者尽可能多地使用语言。如果任务涉及两个或两个以上的学习者，则需要参与者运用沟通技巧和互动技能来完成任务。

如果课堂活动不具备上述特征，该活动就没有任务价值，而运用该活动的课堂教学就不能说是应用了任务教学法。比如，句型操练、完形填空、控制写作等都不属于任务教学法的范畴。

彼得·斯基汉（Peter Skehan）提出了任务型教学法的三个阶段：任务前（呈现任务）、任务中（实施任务）、任务后（汇报任务和评价任务）。

第一，任务前（呈现任务）。在任务前阶段，教师的主要工作是呈现任务。教师要结合学生的生活或学习经验，为学生创设有主题的情境，以激发学生的好奇心和学习动机。详细地说，教师要为学生提供与话题有关的环境以及思维的方向，并在学生要学习的新知识与他们已有的知识结构之间建立起联系，激发他们的求知欲。在这一过程中，教师应遵循先输入、后输出的原则，就是在学生激活了完成任务所必需的语言知识、技能后导入任务，这既是为了保证学生学习的顺利进行，也是为了给下一环节的开展奠定基础。

第二，任务中（实施任务）。接收完任务后，学生接下来需要做的就是实施任务。实施任务的形式有很多，如结对子或小组自由组合，或由教师设计许多小任务构成任务链。其中，结对子和小组自由组合的形式可以为所有学生提供练习口语的机会，并且这种形式有助于学生之间的交流，可以刺激学生认知的发展，还有助于培养学生互助合作的精神。需要指出的是，在这一过程中，教师可以参与学生的小组活动，成为小组的一员。教师应以监督者和指导者的身份了解学生掌握新知识的程度，并根据具体的情况，随时对教学策略实施调整，以保证学生更好地完成任务。

第三，任务后（汇报任务和评价任务）。任务完成后，教师可以让各小组在讨论后派出代表向全班报告任务完成情况。代表的选择方式有两种，一种是教师指定，另一种是由小组推选。教师指定代表可以激发该生的学习兴趣，而由小组推选代表则可以增强被选学生的自信心。学生汇报任务时，教师应该给予一定的指导和帮助，使学生的汇报更加准确、自然。

　　汇报结束后，教师还应组织全班学生评价任务，指出各组的优点和不足，并评出最佳小组，让学生在完成任务之后，品尝到成功的喜悦，同时对自己的不足也有所认识。在评价任务的过程中，教师除了对结果进行评价，还要引导学生如何正确、理智地评价自己和他人，帮助学生形成良好的评价思维方式。另外，对于任务完成得比较好的小组，教师应给予精神上的鼓励或物质上的奖励。在这一过程中，教师要正确把握评价的促进作用，充分调动学生学习的积极性，以促使学生不断进步。

四、交互教学法

　　交互教学法也称互动教学法，指在教学过程中，通过教师和学生之间积极主动的双向交流，来完成教学计划，实现教学目的。交互教学法提倡尽可能地给学生提供操练的机会，注重激发学生的学习兴趣，更重要的是让学生消除消极被动心理，使学生积极参与教学，提高学习的效率。在相当长的一段时间内，我国的大学英语教学注重词汇、语法和句型等，这使得许多学生的语言交际能力不高。针对我国大学英语教学中的种种问题，交互教学法应运而生。

　　交互教学法的主要目标是在课堂中的各种互动活动中逐渐培养学生的英语综合应用能力。交互教学法的特点是以学生各种能力的可持续发展为教学目的，以教师和学生角色在课堂上的不断变换为主要形式，以丰富多彩的教学活动为载体进行英语教学活动。

　　在语言教学中应用交互教学法，教师应以语言习得和教学理论为指导，根据自身的特点、学习者的个体差异和教学情境，采用灵活、多变的多种活动方式。下面借助案例重点介绍词汇联想、双语对译两种方式。

（一）词汇联想

活动目的：
该活动是为了使学生归纳、总结已学过的单词，为其后续的句型或篇章训练做好准备工作。

活动步骤：

（1）教师将关键词信息写在黑板上：food & drinks。

（2）将学生分成 4 人小组，进行单词拼写竞赛，看哪个小组写得又多正确率又高。

（3）每个小组都按照 vegetable、fruit、meat、cereal、drink 和 others 的分类标准填写。

（4）教师指出和改正出现的一些归类或拼写错误的词。

（5）让学生用这些词来介绍自己的日常饮食习惯。

（二）双语对译

准备工作：教师提供一篇长度适中的双语文章，发给学生，如下文。

中文：

金源新燕莎 MALL 地处北京市海淀区昆玉河畔，位于西三环和西四环之间一处四通八达的黄金地段。金源新燕莎 MALL 包括都市高档百货店——燕莎主力店、流行时尚百货店、贵友主力店以及近 500 个品牌专卖店，其中近百家为旗舰店；有 50 多项功能服务、1 600 个知名品牌。同时，百余家餐饮店错落有致地分布在 MALL 内各个楼层。顾客可以来这里唱歌、跳舞、健身、看电影、玩游戏，或到中心舞台欣赏精彩的文艺演出。商场非常注重公共区域的设计和建设，有 8 条林荫大道，配套的休闲设施。舒适的环境和温度使这里成为人们购物、休闲和娱乐的理想场所。

三楼北段，户外爱好者设施齐全，是一条现代化的国际休闲大道，拥有众多知名旗舰店和大型连锁店，彰显"回归自然、释放自我"的心声。

四楼北段是一个丰富多彩的儿童世界，有许多商店，如亲子乐园、玩具中心、娱乐城、宠物中心、帕森斯钢琴。

英文：

Golden Resource New Yansha Mall is located by the Kunyu River of Haidian District in Beijing, a landmark between West 3rd-ring Road and West 4th-ring Road with convenient transportation. It contains stores like You Yi Shopping City, a top-grade department store in Beijing and Beijing Mansion Guiyou, a fashion department store, as well as about 500 specialty shops, among which about 100 are flagship stores. The Mall also features more than 50 categories of service and 1,600 well-known brands. Mean while, more than 100 restaurants are distributed in an organize pattern all over the building. Customers may also come to enjoy singing, dancing, body building, movies and video games here or appreciate splendid performances at the Centeral Stage. The Shopping Mall places great emphasis on the design and construction of public areas. There are eight avenues equipped with recreation facilities. The comfortable environment and temperature makes it an ideal place for shopping, recreation and entertainment.

The north section of the third floor, full of facilities for outdoors fans, is a modern international leisure boulevard with a large number of well-known flagship stores and large-scale chain stores, representing admiration for nature and relaxation.

The north section of the fourth floor is a colorful world for children with novel stores, such as the parent-child paradise, the toy centre, the recreation city, the pet centers, and the Parsons Piano.

活动步骤：

（1）当学生读完这篇文章后，教师要统一收回。

（2）教师将学生分成两组。一组为中文小组，另一组为英文小组。

（3）中文小组的学生每人讲一句。这里教师要告知学生，第二位学生必须按着前一位学生的思路往下讲。英文小组的学生要对中文小组的文章进行总结并翻译。

（4）两组交换。这一步的目的是将学生的信息全部搜集齐，防止遗漏某些信息。

（5）教师带领学生一起梳理和校正文章，主要围绕文章的重点句型和表达法进行。

第二章　大学英语教学、学习策略

第一节　大学英语教学策略

课堂教学是教师有目的、有计划地组织学生实现有效学习的活动过程，不同的教学理念会带来不同的教学活动和不同的学习效果。众所周知，生活在变化，学生也在变化，在教学过程中会不断出现新问题、新情况，所以教师必须随时分析教学中出现的问题，树立以学生为本的教学理念，及时了解学生的英语学习基础、学习能力、学习兴趣和学习态度，并不断调整自己的教学方法和策略，以达成预期的教学目标。而教学策略是教师在课堂上为实现预期教学目标所采取的一切有效原则和教学行为，因此对教学策略的研究尤为重要。

一、教学策略的概念

教学策略是指建立在一定理论基础之上，为实现某种教学目标而制定的教学实施总体方案。

事实上，任何教学策略都是教师教学理念的具体化。例如，为了复习学过的动物单词，教师设计一项语言任务，让学生以小组合作的形式进行学习，让一个小组选出一个学生用英语来描述动物特征，组内其他学生猜是什么动物。这样的教学策略充分体现了以学生为中心的教学理念。教学策略要在教学理念的指导下才能进行，否则就会杂乱无章，难以达到教学目标。教学策略的实施不是一蹴而就的，需要具备一套独特的操作程序，这些都是通过教学的具体活动体现的。教学策略不是固定的，而是灵活多变的，可以视情况而调整。任何教学活动都有教学目标，教学策略亦不例外。因此，教师在实施教学策略时必须对教学目标具有清晰的意识，并在目标的实现过程中对具体教学方法进行灵活选择，以期达到教学目标。

教学策略强调科学是认知方式与知识体系的统一体，主张在立足现实的基础上面向未来。教学策略强调教师要对教学活动进行反思，并在教学活动中对自己所运用的策略进行调节和控制。调控行为是对教学策略的优化，是教师在自我反思基础上所做的行为表现。如果某位教师具备反思能力并能够自觉调节教学过程，那么其教学策略的运用往往能达到一个较高的水平。

二、教学策略产生的途径

教学策略不是凭空产生的，是教师在对教育理论研究的基础上产生的，是教师在教学过程中根据学生的反馈而进行的反思。可见，教学策略贯穿整个教学过程。

首先，教师必须对教育理论进行分析和判断。一般说来，教师在培训过程中的必修课就是教育理论，教师通过对教育理论的学习必然会有一些自己的分析和判断。当教师真正走上岗位时，往往会结合具体的教学情境进行选择与取舍，从而把教育理论真正融入自己的理论框架。唯有如此，教师才能够提高对教学策略的运用能力。

其次，对教学方法和技巧进行深入研究。教师在教学过程中肯定会遇到各种各样的问题，在对问题的分析和思考过程中，往往会探究教学方法和技巧，并不断试验、总结，从而形成自己的教学策略。教师在分析教学方法和技巧的过程中，往往会不断对比同类方法，从而加深对教学方法和技巧的认识。

最后，对教学经验进行总结和反思。教师通过对教学经验的总结和反思，发现自身的优势，并看到自身的不足，积极进取，从而制定更适合自己的教学策略。另外随着教学经验的增加，个人经验的丰富，教师往往能够将个人教学经验与教育专家提出的理论观点加以整合，从而改进教学策略，进而提高教学质量。

因此，有效的教学策略不仅能激发学生学习的积极性和主动性，还有助于教师的发展。教育的最终目的是实现人在认知、情感、思维、人格等方面的全面、和谐发展。教师在制定教学策略时要使课堂生动、有趣，积极引导学生参与，进而促进自身的专业知识水平、专业技能和情感的协调发展。

三、教学策略的分类

根据不同的标准，教学策略有不同的分类。弄清教学策略的分类，可以有针对性地进行教学实践，提高教学质量，并为教学实践提供重要的理论指导。

从《系统化教学设计》一书可知，"教学策略"一词涵盖了选择传输系统、对教学内容进行排序和分组、描述教学中的学习成分、具体说明教学中如何对学生进行分组、确定一节课的结构，以及选择传输教学的媒体等方面。由此可知，教学策略涉及许多方面。如果进一步研究教学策略的分类，那么"教学策略"一词的外延意义会更清晰。目前，教学策略大体有以下几类划分法：

第一，根据构成教学活动的主要因素，教学策略可分为方法型策略、方式型策略、内容型策略和任务型策略。方法型策略主要针对教学方法这一因素，又可分为讲授策略和发现策略。方式型策略针对教学中师生活动的方式，又可分为教师中心策略和学生中心策略。内容型策略针对教学内容这一因素，又可分为直线式策略、分支并行式策略、循环式策略和综合式策略。任务型策略主要针对教学任务，又可分为讲解策略、练习策略、问题定向策略和综合训练策略。

第二，根据教学过程的环节，教学策略可分为教学准备策略、教学实施策略、教学监控评价策略。教学准备策略是教师根据教学目标要求，钻研教材、组织教法、分析自我和学生、制订教学计划的策略。教学准备策略主要包括确定教学目标的策略、设计教学内容的策略、选择教学方法和媒体的策略、安排教学环境的策略。教学实施策略是教师在教学过程中使用的策略，包括先行组织者策略、概念教学策略等。教学监控评价策略是指教师为保证达到预期的教学目标，而对教学全过程实行主动的计划、反馈、控制、评价和调节等采取的策略，主要包括监控和评价两个方面的教学策略。

第三，根据改进教学效果的途径，教学策略可分为指导策略和管理策略。指导策略包括给予明确的指导和解释，引导课堂活动和讲解家庭作业，给学生足够的机会接受反馈和复习先前的知识。管理策略是指教师通过适当的组织、安排，使学生形成良好课堂行为习惯的策略。

四、教学策略的特征

(一) 指向性

教学策略是指向具体的教学目标，为完成特定目标而采取的有针对性的措施。教学目标既是整个教学过程的始点，又是终点，教学活动中的任何因素都是为此服务的，制定教学策略也是为了达到一定的教学目标。教学策略的选择不是主观随意的，而是有针对性、指向一定目标的。然而，教师即使尽可能考虑到可能出现的情况，在具体的教学过程中也会遇到一些预测不到的突发事件。当发生突发事件时，教师应该做到随机应变，适时调整教学策略，以实现教学目标。任何教学策略都指向其特定的问题情境、教学内容、教学目标，并以此规定教学活动。只有在具体的条件下，在特定的范畴中，教学策略才能发挥它的价值。当教学环境、教学内容等因素发生了变化，教学策略也要随之发生改变。

(二) 灵活性

为了达到不同的教学目标，教师可采用不同的教学策略，不存在对所有教学情况都适用的教学策略。教学策略具有灵活性。在大学英语教学中，教师即便采用相同的教学策略讲授同样的内容，同一学习群体也会产生不同的教学效果。例如，某班学生在共同的教室里，听着同样的教师讲授同样的内容，其学习成绩却各有差异。教学策略的灵活性保证了即便教学过程中的某个因素发生了变化，教学也能顺利完成。

(三) 调控性

教学活动的元认知就是教师对自身教学活动的自觉意识和自觉调节。教师能够根据对教学进程及其各种要素的认识及时把握教学过程中的各种信息，及时反馈和调整教学的进程及师生相互作用的方式，推进教学的展开，从而实现教学目标。

(四) 操作性

教学策略是针对教学目标中的具体要求而形成的。任何教学策略的制定和实施都要求是可操作的，否则即使制定的教学策略再有创意也是没有意义的，因为没有可操作性的教学策略是没有实际价值的。教学策略就是达到教学目标的具体实施计划或实施方案，并且可以转化为教师的外部动作，最终通过外部动作来达到教学目标。因而，无论什么样的教学策略，都必须具有可操作性，才能实现教学目标。

（五）整合性

教学过程是一个相互联系、相互作用的整体。因而，在选择和制定教学策略时，必须统观整个教学过程，综合考虑其中的各要素，在此基础上对教学进程和师生相互作用的方式作全面的安排，并在实施过程中及时调整。也就是说，教学策略不是某一方面的教学谋划或措施，而是某一范畴内具体教学方式、措施等的优化组合。

（六）多样性

为了满足教学的需要，教师可采用多种教学策略。最好的教学策略就是在一定情况下达到特定目标的最有效的方法论体系。由于教学具有不同的层次，因而对于不同的教学层次，可采用不同的教学策略。由此可见，教学策略也具有层次性。不同层次的教学策略具有不同的适用条件、范围以及不同的功能。另外，相邻层次的教学策略之间往往是相互联系的，高一层次的策略可分解为低一层次的教学策略，指导和规范低一层次的教学策略。

五、制定英语教学策略的依据

第一，从教学目标出发。教学策略是完成特定目标的方式，不同的教学目标与教学任务需要不同的教学策略去完成。只有制定有效的教学策略才能确保教学目标的实现，否则即使制定再多的教学策略也是无用的。英语教学的初级目标是增强学生对英语课程的兴趣和信心。针对这一目标制定的教学策略，应注重趣味性和实用性。随着教学的深入和学生知识水平的提高，教学目标也应随之发生改变，更侧重知识内在的逻辑联系以及知识技能的迁移，教师应该给学生设置有一定难度的任务，以激发他们的思维，培养他们自主探究的意识和能力。

第二，符合教学内容。内容决定方式，教学策略就是完成教学内容的方式。对于不同课型的教材，教师可采用不同的教学策略。即便是同一课型的教材，教师也应根据具体内容而选择不同的教学策略。例如，在英语听说课中，教师通常会让学生分角色朗读，这样不但可以使学生在朗读的过程中理解词、句的意思，而且可以培养学生的口语表达能力。但是在翻译课上，教师一般不会使用这样的策略。可见，某种教学策略对某种课型是有效的，但对另外的课型则不然。

第三，符合学生的特点。不同的学生具有不同的学习风格，教师要采用符合学生特点的教学策略。现代教学观的基本特征之一就是重视学生学习的主体作用。学生的认知水平主要是指学生的学习风格、现有的知识技能水平、兴趣爱好等。教师的教是为了学生的学，教学策略要适应学生的基础条件和个性特征等。如果无视学生的认知水平，那么制定的教学策略会因缺乏针对性而失效。因为学生的认知水平决定着教学的起点，是制定教学策略的基础，所以制定教学策略要考虑学生在智力、能力等方面的水平，要能调动学生的学习兴趣。例如，在讲授单词时，把游戏引入课堂，让学生采用"playing cards"的方式，在玩的同时记住单词，这种方式很受低年级学生欢迎。现代教育心理学理论认为，教学只有在学习者的最近发展区开始才能达到最佳的教学效果，而学习者的最近发展区与其认知水平有密切的联系。可见，对学习者初始状态的分析是制定有效教学策略的基础。

第四，考虑教师本身的条件。教师要采用自己能驾驭的教学策略。有的策略虽然有效，但教师驾驭不了，便难以发挥其作用。教学策略的执行者是教师，因而任何教学策略的运用都离不开教师。每个教师在制定教学策略时都要考虑自身的能力，如教学经验、教学风格、心理素质水平以及性格等。通常教师在制定教学策略时，都倾向于选择符合其教学思想、知识经验、教学风格、心理特征等的教学策略。经验丰富的教师能够根据各种具体的教学环境及学生的需要等，制定相应的教学策略。另外，要制定有效的教学策略，不仅应重视学生的认知水平，还应努力发挥教师的主观能动性，同时克服不利因素，尽量做到扬长避短。在一般情况下，新教师更多的是借鉴老教师的经验，但是借鉴不是简单的模仿。新教师在借鉴经验的过程中，要在对教学方法的理论有清晰认知的基础上进行理性的思考，在教学中实现教学内容与个性的有机结合，进而形成一套适合自己的教学策略。

第五，考虑教学环境。任何教学活动的开展都离不开教学环境，教学环境主要包括有形的物质环境和无形的心理环境两部分。例如，教学设施、校风校纪、学习氛围以及周边环境等。在教学策略的实施过程中，教学环境中影响比较大的因素是学校的教学设施。例如，英语听力课通常会用多媒体教学，良好的听力设备往往有助于学生听力的提高。如果学校的教学设备跟不上，只能用录音机放磁带的方式进行授课，那么教学效果肯定会受到影响。

第二节　大学英语学习策略

一、学习策略的界定

在有关学习策略的研究中，学习策略的界定始终是一个基本的问题。对于什么是学习策略，人们从不同的研究角度使用不同的研究方法，提出了各自不同的看法，至今仍然没有达成一个统一的认识。

研究者给学习策略下的定义很多，所用的术语也各异。根据已有文献，可以归纳为以下四种观点：①把学习策略看成内隐的学习规则系统；②把学习策略看成具体的学习方法和技能；③把学习策略看成学习的程序与步骤；④把学习策略看成学生学习的过程。以上观点从不同侧面揭示了学习策略的特征，把上述观点加以综合，能更全面地揭示出学习策略的本质。笔者认为，学习策略是指学习者为了使学习更轻松、更有效、更自主而采取的具体行动，是一种科学、高效的学习方式。

依据不同的标准，学习策略可以分为不同的类型。

（一）元认知策略、认知策略、社会情感策略

有学者根据信息处理理论，将学习策略分为三大类，元认知策略、认知策略和社会情感策略，而每一类又包括若干小类。元认知策略用于评价、管理、监控认知策略的使用，认知策略用于学习语言的活动之中，社会情感策略为学习者提供更多接触语言的机会。在这三类策略之中，元认知策略高于其他两类策略。

1. 元认知策略

元认知策略包括提前准备、集中注意、选择注意、自我管理、事先练习、自我监控、延迟表达、自我评价等。

2. 认知策略

认知策略包括重复、利用目标语资源、利用身体动作、翻译、归类、记笔记、演绎、重新组织、利用视觉形象、利用声音表象、利用关键词、利用上下文情境、拓展、迁移、推测等。

3. 社会情感策略

社会情感策略包括协作、提问等，以达到澄清的目的。

（二）直接策略和间接策略

根据策略与语言材料之间的关系，学习策略可分为两大类：直接策略和间接策略。这两大类又各分为若干小类。

1. 直接策略

直接策略包括记忆策略（包括建立联系网络、运用形象和声音、认真复习、运用动作）、认知策略（包括练习、接受和传送信息，分析和推理，为输入输出信息建立规则）、补偿策略（包括猜测、克服说写中语言知识的不足）。

2. 间接策略

间接策略包括元认知策略（包括确定学习重点、计划学习、评价学习）、情感策略（包括降低焦虑程度、鼓励自己、了解自己的情感状态）、社会策略（包括询问问题、和别人合作、同情别人）。

二、研究英语学习策略的意义

早在20世纪70年代，人们对教与学的认识便发生了很大变化，一些心理学家、应用语言学家以及教育工作者把研究兴趣从教师"如何教"转移到学生"如何学"上，并意识到学习策略是学习成绩的决定性因素之一，学习策略的恰当与否直接关系到语言学习的效果好坏。到了21世纪，研究语言学习策略，尤其是英语学习策略愈发重要。

说到学习策略，人们很容易把它与学习方法混淆，甚至有些人认为两者是可以混用的，其实不然。策略，是指根据形势发展而制定的行动方针和斗争方式。学习策略，是指学习者在充分考虑自身条件和环境条件的前提下，为取得最佳学习效果而主动调控的行为。学习方法是学习者在一次具体的学习活动中为达到一定的学习目的而采用的手段和措施。具体来说，学习方法与学习策略的区别在于：

第一，学习策略处于高于学习方法的操控层面。学习策略的使用实际上是管理与协调技巧的过程，而学习方法主要是针对具体的活动而采取的解决手段。有人把方法和策略之间的关系与足球队进行了形象的类比：二者的区别类似于足球中的"技术"和"战术"的区别。一个足球运动员在一场比赛中可能运用很多技巧，如传球、带球、射门等，这些都是技术问题。然而，要在比赛中取胜，他必须知道什么时候使用这些技巧并把它们有效组合。他除了要掌握技巧和方法，还要密切观察周围的情况，如什么时候传球，把球传到左边还是右边，要根据实际情况作出恰当的选择，这就是战术的问题。在语言的学习过程中，学习者处理具体问题所用的技术，类似于在足球比赛中所用的技术；而对何时使用这些技术作出的决策以及对技术本身的认识，类似于在足球比赛中所用的战术。这里用一个例子来说明：我们遇到生词可以查字典，也可以通过上下文来猜测，还可以问老师和同学。这些都是具体的方法或技巧。但是，一般来说这些方法并不是同时使用的，而是要选择其中的一种。那么，选择哪种方法就需要根据自己的学习风格和当时的情况决定。这个决策过程就是学习策略使用的过程。从这个意义上讲，学习策略是对学习方法的选择和使用。

第二，具体的学习方法与具体学习任务相联系，有较强的情境性，而学习策略既与具体任务相联系，又与一般的学习过程相联系。学习方法经学习者反复运用、熟练掌握后，往往由学习者在具体情境中凭习惯加以运用，而学习策略则是学习者经过对学习任务、学习者自身特点等各方面进行分析，反复考虑之后才产生的方案。

第三，具体的学习方法可以用来达到一定的学习目的，完成学习任务，但不考虑最佳效益，而学习策略则是以追求最佳效益为基本点的。虽然学习方法与学习策略有所不同，但两者又不能截然分开。因为一方面学习策略虽不同于具体的学习方法，但它又不能脱离具体的学习方法，最终的落脚点还是在学习方法上，并通过具体的学习方法表现出来；另一方面，具体的学习方法也只有经过学习者的整体策划和具体使用才成为学习策略系统中的一部分。

第四，学习策略与学习方法的外显程度是不同的。有些策略涉及计划、评价和目标的设定等，它们是大脑中信息的加工和处理过程，是无法观察到的。这就是为什么教师很难了解学生学习策略的使用情况，即使在仪器的帮助下也很难察觉。而学习方法是学习者为了解决某个学习问题或为了使学习过程更有效而采取的具体做法和手段。相对于学习策略，学习方法具有外显性，更容易被察觉。

第五，学习策略的重要特征是具有自觉性和目的性。策略是发生在大脑中为实现特定的学习目的而采用的一系列技巧。这就涉及对已有技巧的选择、排列，必要的时候还要作出及时修正。比如，要想快速掌握阅读材料的主旨和大意，就应该应用略读技巧，它应该是学习者的一种有意识的行为。而学习方法的自觉性和目的性不如学习策略那么明显。

由此可见，学习方法是学习策略的重要组成部分，学习策略的运用是一个动态的过程。在此过程中，既要按原计划执行具体方法，又要在实践中对学习目标及正在使用的学习方法进行再认识，随时修改、完善原定计划。学习策略的核心在于运用有效的学习方法和技能来实现特定的学习目的，以达到最佳的学习效果。凡有助于提高学习质量、学习效率的程序、规则、方法、技巧及调控方式等，均属于学习策略的范畴。学习策略是可以通过学习获得的，因此掌握有效的学习策略是学生学会学习的重要标志，是提高学习效率和学习质量的重要因素。

研究英语学习策略是现代社会发展的需要。当今世界，科学技术飞速发展，信息知识以几何级数陡然增长，与时俱进、终身学习的理念已深入人心。研究英语学习策略，对于培养学生自主学习、终身学习的能力，帮助他们高效率、高质量地学习，更自如地参与国际化进程，更快更好地适应社会的发展都有着至关重要的意义。

研究英语学习策略是现代教育发展的需要。如今，随着教育改革的不断深化，过分强调以教师为中心、以知识讲解为重点的传统语言教学已经不再适应新时代教育发展的需要。因此，实现从"以教师为中心"到"以教师为主导，以学生为主体"的课堂模式的转变，对学生进行学习方法和学习策略的培训，教会学生发现问题、思考问题、独立解决问题，已成为现代教育改革的目标与要求。掌握英语学习策略，从"学会"转向"会学"，是衡量学生综合素质及评价学习效果的重要指标。

研究英语学习策略是新型教师发展的需要。传统意义上"传道授业解惑"的教师，被视作知识的收集者、传播者和答疑者；而从现代教学发展来说，新型教师更应是学生学习困难的诊断者、学习问题的咨询者和学习策略的指导者。在传授知识的同时，教师更应该教会学生如何学，以帮助学生减轻学习负担，提高学习效率，更好地适应飞速发展的新型社会的需要。并且，通过对学生学习策略的培训，通过及时的观察和反馈，教师也可以及时调整自己的教学计划和方法，因材施教，提高教学质量。

三、英语学习策略的训练

学习策略是英语教学理论基础的依据，同时也是教与学的方法论。教师应帮助学生在掌握知识的过程中掌握学习策略，使之逐渐学会自主学习，增强自主学习意识，提高自主学习能力。

（一）运用 MURDER 学习策略

MURDER 学习策略由丹瑟洛（D. F. Dansereau）于 1985 年提出。按照字母顺序，M 代表情绪的调整（mood-setting）和维持（maintenance），U 代表理解（understand），R 代表回忆（recall），D 代表消化（digest）和细述（detail），E 代表扩展（expand），R 代表复习和检查（review）。

MURDER 学习策略对英语教学具有一定的指导意义，有助于激发学生的学习兴趣，调动学生学习的主动性和积极性，培养学生的综合应用能力和自主学习能力。下面笔者着重探讨消化和细述知识的策略。

消化和细述知识的策略主要包括复述策略、精加工策略和组织策略。

1. 复述策略

复述策略是为了在记忆中保持信息而对信息重复识记的策略。在某些任务中，为了将一个新单词记住，就要依据"遗忘规律"对其进行复述。在英语教学段落和篇章内容的学习上，使用这一学习策略往往会收到较好的效果。大学英语课本基本上都安排了词汇练习和课文的改写与复述练习。教师应充分利用复述策略，对所教材料精心组织和加工，让学生对学习的内容重复识记，从而巩固和掌握知识。

2. 精加工策略

精加工策略是一种较高水平的、更精细的信息加工过程，是在意义理解基础上的信息加工策略。例如，运用在教材上画线、加批注、记笔记等方式提炼知识等，这在英语教与学中用得比较多。

3．组织策略

组织策略可以有效提高学生的概括能力和书面表达能力。组织策略是将经过精加工提炼出来的知识点加以构造，形成知识结构的更高水平的信息加工策略。

（二）运用尼斯比特学习策略

尼斯比特（Nisbet）认为，学习策略是一系列选择、协调和运用技能的执行过程。学习策略属于信息加工模式的调控部分，是指主动的学习者在认知过程中对信息加工过程实行调节与控制的一系列技能。

尼斯比特等人认为学习策略的成分有：

（1）质疑（明确问题）：构想假说，确定目标与项目参量，把当前任务与先前工作联系起来。

（2）计划：制定时间表，把任务或问题演绎成要素，选择解决问题的动作技能和智力技能。

（3）调控：使问题的初始状态和目标状态匹配起来，并不断作尝试性回答。

（4）审核：对成绩与结果进行初步评价。

（5）修正：或重新画一个简单的草图，或重新演算，或修正目标。

（6）自评：对结果和成就进行评价。

《全新版大学英语·综合教程》的结构基本上与尼斯比特的学习策略模式一致。下面笔者以上海外语教育出版社出版的《实用综合教程（1）学生用书》第五单元"Our Earth"为例，按照尼斯比特的学习策略来设计课堂教学。

质疑：用投影仪显示阅读前的问题，明确学生要把握的内容和教学的目标。

a. What is Earth Day about?

b. Who is the founder of Earth Day?

c. How do people traditionally celebrate Earth Day?

d. What did Australians do on Earth Day to draw attention to air pollution?

e. What have been the themes of China's Earth Day?

在阅读课文前给学生展示这些问题，使学生有目的地学习。通过回答这几个核心问题，学生可以理解课文内容。

计划：规定或者限定阅读的时间，使学生把当前的阅读任务和教师提出的问题联系起来，进而进行有效、快速的阅读，找到问题的答案。

调控：可以放录音让学生听或跟读，也可以及时提问，让学生作尝试性回答。这时学生的积极性很高，学习效率也较高。

审核：这一步要求学生分组讨论并确定问题的答案。教师对学生的答案进行评价，对学生的成绩给予充分肯定并给予适当表扬。教师应鼓励学生分析回答错的问题，找出问题的根源。

修正与自评：这是本模式的最后两步。在处理具体课文时，可都用也可择其中之一。就自评而言，教师可以把正确答案提供给学生，让学生对自己作出评价。

在英语教学中，这个模式可以广泛采用，它具有特别重要的意义。学生只有在正确理解学习策略的基础上才能把握学习策略的规律。

四、培养学生英语学习策略

（一）明确学习目标

计划是实施预定目标、完成学习任务的蓝图。学生应事先周密安排，策划好在什么时间做什么、如何做，制订切合实际的计划，并注意科学用脑、劳逸结合，从而保证计划的落实，提高学习效率。通过实施计划，学生可以充分、合理、高效地利用时间，磨炼坚强的意志，养成良好的学习习惯。在英语学习中，学习目标的规划意义重大。科学地安排时间，明确近期、中期和远期目标，明确对话学习与课文学习的不同目标性，可以使学生在同一时段内进行不止一项活动，或者进行一项活动达到多个目标。教师设置的教学目标应十分明确，以让学生明白每一步要达到的目标，并引导学生在活动过程中主动去实现教学目标。学生可根据不同学习阶段及自身能力确立多个"跳一跳才能够得着"的目标。有了目标就有了学习动力，有了责任感、紧迫感和努力的方向。另外，学生还要学会根据不同课型确定每节课的认知小目标，这样会使学生受到目标的激励，使大脑处于兴奋状态，提高学生的学习效率。

（二）培养主体意识

　　大学阶段的学习与中学阶段的学习不同，更注重学生的主体意识。学生的主动参与有助于形成多边的教学交流，使师生之间、生生之间的交流变得更加频繁。每个学生对教学内容的不同理解为课堂教学的丰富性提供了前提条件，学生的主动参与使这些理解以不同的形式显现出来，在很大程度上丰富了课堂教学的内容和形式。学生的主动参与能使他们感觉到他们是课堂教学的主角，感觉到他们在课堂上的价值。主动参与表达不仅能锻炼学生的口头表达能力，更能加深学生对所学内容的理解，此外还能大大激发学生学习的自信心、积极性和主动性。因此，学生要积极参与各种形式的课堂活动，达到把语言技能转化为实际运用语言能力的目的。

（三）培养学习策略的运用能力

　　学习策略的培养应始终贯穿于课堂教学活动中。例如，在一篇课文的教学过程中，可以进行多种学习策略的培养和训练。

　　英语词典是英语学习中不可缺少的工具，学生可以通过使用英语词典有效地获取、检索、使用语言信息，从而提高学习效率。然而，许多学生存在依赖教师的心理，遇到问题希望从教师那里得到解答。学生一般都有词典，但大部分学生喜欢用词汇手册，认为它更快捷方便，特别是在阅读时；有的学生虽然也用词典，但他们大都喜欢使用英汉词典。词汇手册只是简单的双语词汇表，而词典除了注音、释义，还有相关的语法信息、语用信息和文化信息等。各类英汉词典凝结着我国外语界专家学者的心血，有很高的参考价值。但是，英汉词典对英语单词的解释大都是通过推演得出的汉语词义，有一定的局限性。笔者建议学生使用《牛津高阶英汉双解词典》，该词典的主要特点是：分别注有英式音标和美式音标；英语单词用英语解释，用词简单明了、确切、易懂；由动词构成的句型全都用缩写字母表示出来，有助于学生理解某个动词的全部用法，了解相关短语和例句。大学英语教学注重培养学生的自学能力，词典的使用对学生自学能力的培养有着重要作用。

　　选择注意策略，上下文策略，推理、归纳、演绎策略，强化型快速阅读策略，语言重组策略等也是常用的英语学习策略。在大学英语教学中，教师可以让学生有意识地尝试和运用各种策略，使这种显意识活动逐渐内化，变为潜意识活动，使学生自觉、主动地学习。

（四）重视语音基础

语音是语言的组成部分。语言首先是有声的语言，语言的交流作用就主要体现在这方面。美国语言学家尤金·A. 奈达（Eugene A. Nida）认为：如果一个人的语音说得过去，只是用词和句型还不够熟练，那么这都可以原谅；但如果一个人的语音一塌糊涂，那么哪怕他语法学得再好，词汇掌握得再多，也是不可取的。由此可见，语音是学习英语的第一关。语音不过关直接影响各种语言技能的展开，尤其是对听说技能的发展影响最大。因而，科学、系统、有的放矢地对自己的语音进行加工和处理是十分必要的。有效地改进语音的方法之一就是模仿。模仿能使学生熟悉单词的发音，端正语音，明白自己的语音与标准的语音的差距，从而自行纠正。学生还可以通过收看英语国家的对外英语节目、听英语广播、学唱英文歌曲、观看原版电影来掌握发音技巧，从而提高自己的语音水平。

（五）课前预习

预习是指个人独立地进行阅读和思考。课前预习有助于培养学生快速阅读、抓主旨大意、抓主要信息、依据上下文猜测词义的能力，也有助于培养学生分析综合、归纳概括、发现问题和解决问题的能力。

（六）掌握学习技巧

学习英语没有捷径可走，非得下一番苦功不可，但是在下功夫前，最好要掌握一定的学习技巧。比如记忆单词，低着头反复默写并不是一个好方法，语言是有声的，好的方法是大声朗读，反复训练视觉和听觉器官，同时纠正自己的发音。而在大声朗读的过程中，单词的读音已记在脑子里，这样既可以记住单词又可以纠正口语发音。因此，学生可以有目的地去听一些专题讲座，如怎样有效地进行听力训练，如何提高口语能力、写作能力等。学生可以在学习过程中领悟学习的特点和规律，逐步形成正确有效的学习方法。

（七）专心上课，有心识记

上课是学生学习的主渠道，而学好英语的关键是尽一切努力将所学的东西记住，只有这样在需要时才能运用自如。因此，学生上课时应高度集中注意力，尽量做到"五到"，即心到、眼到、耳到、口到、手到；应注意培养自己的瞬间记忆能力，强化"有意注意"，有目标、有意识地去识记生词、短语、句型、重点句子等。当接触到应该记忆的内容时，学生可以通过眼看、耳听、口念，将其迅速输入记忆中枢，然后复现出它的形象。在复现时，学生可以快速用手指在桌上画出这个单词，或一个长句中最难记的或最重要的单词，强迫自己在课内就记住这节课最重要的东西。

（八）提高阅读能力

英语阅读是接触英语、获得各类信息和知识的重要途径，也是提高听、说、写、译等能力的基础。当今时代是一个科技快速发展和信息爆炸的时代，人类社会产生的信息量每年都在快速增长，要想有效获取各个方面的信息，就必须学会快速有效地阅读。如今，越来越多的人意识到英语阅读能力影响信息交流，因此在很长一段时间内，阅读能力仍是英语学习中一项需要重点培养的技能。然而，阅读能力的提高不是轻而易举的，学生不但需要不断获得语言知识、掌握正确的阅读技法和策略，而且需要进行大量的阅读。理想的阅读材料的生词量和结构难度适中，具有趣味性、交际性，并且贴近生活，能充分调动学生学习的积极性。教师要注意阅读材料题材、体裁的多样性，以开阔学生视野，使学生了解更多英语国家的文化传统、风俗习惯、社会准则等，使学生增强跨文化交际意识，提高跨文化交际能力。教师还要鼓励学生利用英语学习网站查找资料，进行阅读练习。

（九）勤记笔记

记笔记可以帮助学生集中注意力、理顺思路，可以锻炼学生分析归纳、综合概括以及快速反应的能力。俗话说："好记性不如烂笔头。"笔记有助于学生日后复习。学好英语离不开泛读，学生在进行课外阅读时，也应勤记笔记，做些摘录等，这对加深理解、巩固知识、提高英语综合应用能力大有好处。

（十）养成复习习惯

我国古代教育家孔子几千年前就提出了"温故而知新"这种有效科学的学习方法。复习不仅仅是在学习的开始阶段，要想更好地掌握所学知识，就必须系统地进行记忆和复习。在学习过程中，学生要学会类比、分析和总结。例如，学完一课就归纳一下，有哪些新句型、新短语，有哪些常用的重要单词，又有哪些容易混淆的词、短语，其区别是什么，还可以总结一下课文的中心思想、作者的写作意图和修辞方法的使用等。这样做既能加深对课文的理解，又能巩固所学知识。有的学生过分讲求速度和效率，不愿花时间复习已学过的内容，这是不对的。语言的运用是一种技能，要不断复习才会熟练。因此，要想学好英语，就要注重复习，养成复习习惯。

第三章 大学英语教学模式实践

第一节 教学模式概述

一、教学模式的概念

教学模式又称教学结构，简单地说就是在一定教学思想指导下所建立的比较典型的、稳定的教学程序或阶段。它是人们在长期教学实践中不断总结、改良而逐步形成的，它源于教学实践，又反过来指导教学实践。因此，了解教学模式的发展及其规律，对于提高教学质量具有重要意义。教学模式是一种教学活动的范式。教育工作者对教学实践进行分析研究，以一定的教学理论为基础，再根据经验和各种教学实践的成效，提出一种或多种教学模式。教学模式能以具体、可操作的形式体现教学的理论或理念。

教学模式是教学活动的基本结构，每个教师在教学工作中都在自觉或不自觉地按照一定的教学模式进行教学，只不过这里存在一个是否科学合理的问题。了解教学模式的历史发展有助于人们借鉴传统和对当代各种新教学模式进行理解，有助于人们把握教学模式的发展趋势。

系统完整的教学模式是从近代教育学形成独立体系后开始出现的，教学模式这一概念与理论在20世纪50年代以后才出现。不过在中外教学实践和教学思想中，很早就有了教学模式的雏形。

古代教学的典型模式就是传授式，其结构是"讲—听—读—记—练"；其特点是教师灌输知识，学生被动机械地接受知识，书中文字与教师的讲解几乎完全一致，学生对答与书本或教师的讲解一致，他们靠机械的重复进行学习。

美国教学研究者布鲁斯·乔伊斯（Bruce Joyce）、玛莎·韦尔（Marsha Weil）、艾米莉·卡尔霍恩（Emily Calhoun）所著的《教学模式》一书系统地介绍了流行的各种教学模式。在我国，近些年也有人专门撰文介绍和研究教学模式，教学模式是当前教学研究的一个重要课题。但是，对于教学模式的概念，国内外研究者们看法不一。

乔伊斯和韦尔认为，教学模式是构成课程和课业、选择教材、提示教师活动的一种范型或计划。他们认为，教学模式是一种教学范型或计划。实际上，教学模式并不是一种计划，计划只是它的外在表现，教学模式蕴含着某种教学思想或理论，用范型或计划来解释教学模式显然将其简单化了。

我国学者总结的教学模式的概念大致有下列五种：第一，教学模式属于方法范畴，有人认为教学模式就是教学方法，有人则把教学模式视为多种教学方法的综合；第二，教学模式和教学方法既有联系又有区别，各种教学方法在具体时间、地点和条件下表现为不同的空间结构和时间序列，从而形成不同的教学模式；第三，教学模式与"教学结构-功能"这对范畴紧密相关；第四，教学模式就是在一定教学思想指导下所建立起来的完成所提出教学任务的比较稳固的教学程序及其实施方法的策略体系；第五，教学模式是在教学实践中形成的一种设计和组织教学的理论，这种理论以简单的形式表达出来。概括起来大致有两类见解：持过程说的学者将教学模式纳入教学过程的范畴，认为教学模式就是教学过程的模式，是一种有关教学程序的"策略体系"或"教学样式"；持结构说的学者将教学模式纳入教学结构的范畴。结构，从广义上讲，是指事物各要素之间的组织规律和形式。教学结构，主要是指教师、学生、教材三个基本要素的组合关系。从狭义上讲，教学结构指的是教学过程各阶段、环节、步骤等要素的组合关系。

笔者认为，教学模式是在一定教学思想或教学理论指导下建立起来的较为稳定的教学活动结构框架和活动程序。其中，结构框架意在凸显教学模式从宏观上把握教学活动整体及各要素之间内部关系的功能，活动程序意在凸显教学模式的有序性和可行性。

二、教学模式的功能

教学模式的理论功能表现为：一方面，教学模式能以简约化的形式表达一种教学思想或教学理论，便于为人们掌握和运用；另一方面，教学模式不仅仅是对教学实践中某一类具体教学活动的概括加工，而且具有指向性和探索性，它所提出的框架可以通过不断实践和检验，在理论上进一步系统化、规范化，为教学理论的研究不断提供各种素材。因此，教学模式又是个别的特殊经验转化为一般理论的中介环节，是对教学理论的丰富和发展，具有原料加工、理论建构的功能。

（一）描述组建功能

教学模式筛选了被实践证明行之有效的教学经验，加以概括和简化，组建为一种相对稳定的结构框架和活动程序，用来描述某一特定教学过程所涉及的各种因素以及它们之间的关系。教学模式的描述组建往往是围绕某一确定主题进行的，这就使模式具有了强大的凝聚力和独特的个性特点。经过教学模式描述组建的理论是精练浓缩的，经过教学模式描述组建的实践则增强了典型性和优效性。教学模式描述组建功能的发挥，可使成功的教学经验得到整理加工，提高教学理论的概括层次，使教学方式趋于结构化、稳定化。优秀教师可借助教学模式的描述组建功能，将个人教学经验进行积累、加工、升华，使之转化为一般理论。

（二）咨询阐释功能

教学模式作为教学理论的简化形态，可以通过简明扼要的语言文字或象征性的符号图形，来阐释教学理论的基础及基本特征，使教师直观而迅速地把握和领会其精神，从而完成给实践者提供咨询的任务。教学模式咨询阐释功能的发挥，有助于教学理论的普及与传播。

（三）示范引导功能

教学模式为一定的教学理论运用于实践规范了较为完备、便于操作的实施程序。如果掌握了若干常用的教学模式，青年教师初登讲台就有了进行教学的"常规武器"，在规范的教学模式的示范引导下，可以很快地过渡到独立教学，从而大大减少盲目摸索、尝试错误所浪费的时间和精力。教学模式的示范引导功能，旨在交给教师教学的"基本套路"，并不限制或扼杀教师的创造性。教师在运用这些"基本套路"时，可以根据具体教学条件或情境灵活调整，形成适合教学实际的变式。教学模式示范引导功能的发挥，对于青年教师尽快独立教学、学校教学工作规范化、正常教学秩序的建立等，具有非常重要的意义。

（四）诊断预测功能

对照教学模式的理论基础、功能目标、实施条件、操作程序，可以对教学活动进行诊断，能够发现教学中存在的问题，如教学目标不明确、实施条件不具备、操作不规范等。教学模式同时还可以帮助预测预期的教学效果，因为它揭示出一种"如果……就必然……"的规律性联系。使用某种教学模式必须具备某些条件，而如果具备了这些条件，就必然会有某种结果出现。教学模式诊断预测功能的发挥，可以有效增强对教学过程的控制和调节，使之朝着预期的方向发展，取得预期的教学效果。因此，教学模式的这一重要功能应该引起我们足够的重视。

（五）系统改进功能

教师通过应用教学模式，使教学活动过程系统化，构成一个整体优化的系统。为了适应新的教学目标，就要对与之相关的教学条件、活动程序等因素作一些改进，要求教师提高能力水平，以促进教学模式转化，直至以更有效、更完善的新模式取代已僵化、显得落后的旧模式。教学模式的系统改进功能是建立在教学整体观基础之上的，它要求教师以整体的、动态的眼光看待教学过程的模式优化转换问题。教学模式系统改进功能的发挥，可由此带动课堂教学、师生关系、教学评价、教学管理等教学领域的一系列改革。现代教学的改革应着眼于教学模式的整体优化转换，而不应再像以往那样满足于微观方法的修修补补。

三、教学模式的理论基础

（一）研究性教学理念

研究性教学是建构主义理论下形成的与之相适应的一种教学模式和方法。建构主义理论包括认知建构主义和社会建构主义。认知建构主义的开创者皮亚杰和社会建构主义奠基人维果茨基都较为重视学习的认知过程，把学习看成学习者主动构建知识的过程，而不是通过他人给予而被动接受和使用知识的过程。认知结构产生的源泉是主、客体相互作用的活动，在相互作用的活动中蕴含着双向结构。以建构主义为理论支撑的研究性学习，指学生在教师指导下，以类似科学研究的方式去主动获取知识、综合运用知识解决问题的一种学习方式。研究性学习与一般意义的科学研究具有一定的相似性，如在研究过程上两者都要遵循提出问题、收集资料、形成解释、总结成果这样一个基本的研究程序。在研究性学习中，知识都以问题的形式呈现，知识的结论要经过学习者主动的思考、求索和探究。可见，研究性教学理念的本质是学生主动参与的探索性学习，思维是学习的动力，学生是学习的主人。在大学英语教学中倡导研究性教学理念，应该说是为内容教学提供了一条新路。众所周知，外语是一门工具性质的学科，而大学英语的工具性就更加突出。由于没有实质的教学内容，没有像高考这样重要的教学目标，大学英语的听说读写技能训练往往枯燥又机械。教师可借助研究性教学，使学生在完成项目的过程中锻炼英语能力，发展思辨能力、创新能力，提高学习能动性。

　　研究性教学并不是说完全淡化外语技能的培养，而是更注重培养学生把外语作为一门工具的语言能力。研究性教学在大学英语教学中的应用又有别于英语专业的研究性教学。英语专业的研究型教学是对英语语言学、文学和英语文化等知识的学习和研究，而大学英语的研究性教学是让学生在一定范围内自主选题，题目可以是人文社会的，也可以是自然科学的，这样既锻炼了学生的语言能力，又培养了学生的思维能力，扩展了学生的知识面，一举多得。近年来，美国和日本等国家都设置了类似的研究型课程，这些课程的共同点是：重视知识的掌握，但更注重学习的方法，强调主动学习、科学精神与人文情怀。

（二）人本主义学习理论

　　人本主义学习理论是建立在人本主义心理学的基础之上的。人本主义主张，心理学应当把人作为一个整体来研究，而不是将人的心理分解为不完整的几部分，应该研究正常的人，而且应该关注人的高级心理活动，如热情、信念、生命、尊严等内容。人本主义的学习理论从全人教育的视角阐释了学习者的成长历程，以发展人性；注重挖掘学习者的创造潜能，引导其结合认知和经验，肯定自我，进而自我实现。人本主义学习理论重点研究如何为学习者创造一个良好的环境，让其从自己的角度感知世界，发展出对世界的理解，达到自我实现的最高境界。

　　根据人本主义学习理论，美国心理学家亚伯拉罕·哈罗德·马斯洛（Abraham Harold Maslow）、卡尔·罗杰斯（Carl Ransom Rogers）等提出了十条学习原则：

第一，人生来就对世界充满好奇，人类生来就有学习的潜能。

第二，当学生觉察到学习内容与自己的目的有关时，有意义的学习就发生了。

第三，当学生的信念、价值观和基本态度遭到怀疑时，他往往会有抵触情绪。

第四，学生处于相互理解和支持的环境里，在没有等级评分却鼓励自我评价的情况下，往往可以消除由嘲笑和失败带来的不安。

第五，学生处于没有挫败感却具有安全感的环境里，就能以相对自由和轻松的方式去感知书本上的文字和符号，区分和体会相似语句的微妙差异，换言之，学习就会取得进步。

第六，大多数有意义的学习是边干边学、在干中学。

第七，当学生负责任地参与学习时，就会促进学习。

第八，学生自我发起并全身心投入的学习，最深入，也最持久。

第九，以自我批判和自我评价为主、以他人评价为辅，有助于提高学生学习的独立性、创造性和自主性。

第十，现代社会最有用的学习是洞察学习过程、对实践始终持开放态度，并内化于自己的知识积累。

简而言之，人本主义学习理论主张废除以教师为中心的模式，代之以学生为中心的模式，而以学生为中心的关键，在于使学生感到学习具有个人意义。人本主义学习理论强调学习是一个情感与认知相结合的精神活动。在学习过程中，情感和认知是彼此融合、不可分割的两部分。整个学习过程是教师和学生两个完整的精神世界的互相沟通、理解的过程，而不是以教师向学生提供知识材料的刺激，并控制这种刺激呈现的次序，期望学生掌握所呈现知识并形成一定的自学能力和迁移效果的过程。由此可以理解，教学也不再是以教师为中心，以知识输入讲解为主要方式的活动了。要使整个学习活动富有生机、卓有成效，就要以学生为中心，深入其内在情感世界，以师生间的全方位的互动来达到教学目标。这不同于多年来我国大学英语教学课堂以教师为主体、以教师讲解传授为主要形式的教学方法。

（三）后现代主义教学观

后现代主义教学观是在对教育现代性进行深刻反思的基础上形成的，具有开放性、超前性和创新性等特点。后现代主义在中国得到了快速发展。总体而言，它是对现代主义所崇尚的总体一致性、规律性、线性和共性及追求中心性的排斥，主张以综合、多元的方式去构建，具有非中心性、矛盾性、开放性、宽容性、无限性等特征。

在打破"完人"教育目的观的同时，后现代主义者提出了自己的教学目的观。他们主张学校的教学目的要注重学生各方面的发展，培养符合学生自身特点及生活特殊性的人，造就具有批判性的公民。

后现代主义认为现代主义的课程观是不科学的、封闭的。小威廉姆·E. 多尔（William E. Doll）从建构主义和经验主义出发，吸收了自然科学中的理论，把后现代主义课程标准概括为四种原则，即丰富性、循环性、关联性和严密性。

后现代主义认为教学过程是一个自组织过程。自组织是一个通过系统内外部诸要素相互作用，在看似混沌无序的状态下自发形成有序的结构的动态过程。

后现代主义的师生观认为，在传统的教学中，教师处于知识传授的中心地位，是话语的占有者，而学生处于被动和弱势的地位，其自主性和潜能受到了压制，所以必须在课堂教学中建立师生平等对话的平台。当今社会，科学技术飞速发展，知识的传播途径已经发生了较大变化，教师的主要任务是教会学生使用终端技术和新的语言规则。在师生关系中，教师是内在情境的领导者，而非外在的专制者。

后现代主义的教学评价要求关怀学生，着眼于学生无限丰富性发展的生态式激励评价，让学生充满自信，使每个个体都各得其所，始终获得可持续发展的动力。后现代主义者强调教学评价应该体现差异的平等观，即使用不同标准、要求，评价不同的对象，主张接受差异，承认和保护学习者的丰富性、多样性。

（四）学术英语教学理念

学术英语是在大学英语教学改革中提到的一个新的课程设计理念，它是针对在大学英语教学中盛行了几十年的基础英语提出的。基础英语的教学重点是语言的技能训练，包括听说读写译等；而学术英语分为两大类，即一般学术英语和专门用途英语。前者主要培养学生的书面和口头学术交流能力，后者主要涉及工程英语、金融英语、软件英语、法律英语等课程。以学术英语为新定位的大学英语教学，既区别于以往的以语言技能训练为主的基础英语，也区别于大学高年级全英语专业知识学习或者"双语教学"，当然也有别于英语专业学生所学的人文学科方面的专业英语。它是基础英语的提高阶段，即在学生掌握了一定的规则和词汇，达到了一定的水平后，为他们用英语进行专业学习做好内容和学习技能上的准备,是在大学基础教育阶段为今后全英语专业知识学习打下基础的一种教学模式。

第二节　任务型教学模式

英语教学的主要目的是使学习者能够熟练使用语言,从而达到交际的目的,为社会输送更多的英语人才。当今社会,对大学英语教学模式进行改革是提高英语人才素质的重要方式。

一、任务型教学模式的基本内容

任务型教学模式是由交际法发展而来的,它是20世纪80年代外语教学研究者经过大量研究和实践提出的一个具有重要影响的语言教学模式。该模式是交际教学思想的一种发展形态,它把语言运用的基本理念转化为具有实践意义的课堂教学方式。该模式提倡"意义至上、使用至上"的教学原则,是一种以人为本,以应用为动力、目标和核心的教学途径,要求学习者通过完成任务,用目标语进行有目的的交际活动。该教学理念克服了传统英语教学中语法教学同实际运用背离、语言形式同语言运用割裂的不足。

交际法从19世纪70年代起就非常盛行。根据交际法的观点,人们通常所说的语言包括语法、词汇和语言功能这三个方面的内容,如表达建议、请求原谅等。交际法要求学生在说和写的过程中,务必意识到正确使用语言的必要性,并且还应注意所说话语符合说话人、对话人的身份以及场合等。交际法还认为应制造一种与现实生活相贴近的课堂环境。如果学生能够充分接触他们所要学习的语言,就会有较多机会使用它。学生在真实、与生活贴近的环境中学习语言,其学习热情也容易被激发出来。如此一来,在具体的实际运用中,学生也能够自如、广泛地使用该语言。交际法具有较大优势,其优势主要表现在能让学生兼顾语法规则(即语法的学习)和用语言进行交际这两大方面。除此之外,交际法认为对外语的掌握是从不完善的中介语言逐步过渡到不出错地完善语言这一过程的。诸如此类的新思想、新观点都得到了很多教育家的支持和赞赏。但是，也有一部分教学法理论家针对交际法从以下两个方面提出了质疑：①在交际法的具体运用过程中仅重视语言意义，却忽视了讲解语言形式；②学生在使用语言进行交际时仅注重语言的流利度，忽视了语言的准确性。对于如何更好地规避这些错误，有些做法有失妥当。

到了19世纪80年代，N.S.普拉布（N.S. Prabhu）进行了一场有关交际法的实验，该实验名为班加罗尔实验，实验的对象为印度南部地区8～12岁的小学生，实验历时5年之久。在这一实验中，普拉布提出了很多实验的类型，同时还将实验的内容设计为各种各样的交际任务，旨在让学生通过任务进行语言学习。普拉布的这项实验引起了语言学界的广泛关注，并被认为将"任务"作为课堂设计的第一次尝试。该次尝试也成了任务型语言教学的开篇。随后，越来越多的国外语言学家陆续投入有关任务型语言教学的研究热潮中。大卫·纽南（David Nunan）、简·威利斯（Jane Willis）等人将任务看成探讨的关键，并从不同角度对交际任务进行理论层面的探索和实证的研究。很多学者逐渐意识到，语言的输入并不能保证语言的习得。语言习得的关键因素为交互活动、意义协商、语言输出等，只有任务得以完成，学习者才能有效进行交互活动、意义协商、语言输出。只有持续进行深入探讨，任务型语言的体系才能升华为理论模型，进而被人们广为接受。

如今，有关任务型语言教学理论层面的研究要远远多于实践层面的研究。在诸多关于任务型语言教学模式的研究中，英国著名语言学家威利斯的研究最为典型。

任务型教学模式包括前任务阶段、任务环阶段和语言焦点阶段。

前任务阶段就是任务前阶段的另一表述，这一阶段作为起始阶段，主要给学生提供对其有益的语言输入，通过一些有益的语言输入来帮助他们熟悉将要展开的话题，使他们对新词、短语等进行有效识别。该阶段的目的主要是使主题内容更加鲜明、突出，同时使学生了解相关背景知识。

任务环阶段是任务中阶段的另一种表述，该阶段主要包括任务、计划、报告这三大环节。在任务环节，学生结对并以小组为单位来完成任务，学生在进行具体交谈的过程中可以畅所欲言，他们的语言使用也是自然发生的。计划环节是为报告做准备的，此环节从注重语言流畅性逐渐过渡到注重语言准确性。在报告环节，学生可以使用正式、严谨的语言向全班的学生进行简要报告。

语言焦点阶段是指任务后阶段。在经历了任务环阶段之后，学生对语言已经有了较多接触。语言焦点阶段又可进一步分为分析和练习这两个小阶段。在分析阶段，教师可对学生提出具体要求，使学生通过观察分析对其中的规则进行概括和归纳。在练习阶段，教师应适当地对练习进行控制。

结合我国当前外语教学环境的实际，并在有效地借鉴任务型教学模式的基础上，我国学者鲁子问提出了真实任务教学的课堂教学程序，具体如表3-1所示。

表3-1 真实任务教学的课堂教学程序

阶段	任务前	任务中	任务后
目的	①任务的呈现；②任务的准备	任务的完成	任务的反省
教学活动	①引入任务情境，理解任务要求；②准备内容，准备语言	达成任务结果	①有引导的反省；②无引导的反省

在上述三个阶段中，任务中阶段是任务型课堂的必要阶段，而任务前、任务后阶段都应围绕任务中阶段逐步展开。

二、任务型教学模式的优势与局限

（一）任务型教学模式的优势

任务型教学模式重视学生在语言学习过程中的具体交际过程，并将任务作为活动单位，课堂教学主要由诸多连贯的任务构成。此外，任务型教学模式还强调学生间和师生间的互动，并试图创建一个自然、真实的语言情境，让学生在完成每个具体任务的过程中，借助有意义的协商、交流等来运用语言，从而使学生的语言综合能力得到很好的发展。这一教学模式的优势主要体现在以下几个方面：

第一，任务型教学模式目标具体、明确，和一般的课堂操练不同。这一教学模式不仅重视培养学生自主完成任务的能力，而且关注学生在具体任务完成过程中的参与程度以及在具体交际活动中所获得的情感体验。因此，运用这种教学模式进行语言教学能让学生在各种各样的任务形式中相互合作，如小组活动、结对活动等，同时实现资源的共享，在做中学、在学中用。运用这种教学模式，不仅有助于学生开展自主实践性活动，而且有助于激发学生的学习动机。学生在完成具体任务的过程中还可以非常明显地感觉到自己的价值。当然，一些学生还能通过亲身实践更好地认识自己的不足，从而扬长避短。

第二，任务型教学模式以学生为中心，教师仅作为组织者、帮手、引导者等参与教学。在这一模式下，学生有更多的参与合作学习的机会。学生在参与多元化学习活动的过程中不仅掌握了一些基础的英语知识，而且获得了更多将其用于实践和交流的机会。相应地，学生的积极性也能被充分调动。

第三，任务型教学模式在课堂教学之前就将任务交给了学生，学生为了更好地完成任务，就会围绕具体任务主动进行信息的收集归纳和整理，进而使任务中的问题得以有效解决。在这一教学模式中，学生不可能简单地运用一项技能、一种语言知识，而通常是运用多项技能和多种语言知识。

第四，在任务型教学模式中，所有参与的学生都扮演着相应的角色，并承担着一定的责任。在具体的小组活动中，学生运用所学语言同其他学生沟通、交流和分享，并在这一过程中慢慢学会怎样与人相处，在无形中也培养了学生的团队合作精神和运用交际策略的能力。

总的来说，这一教学模式对培养学生的语言综合运用能力还是非常有用的。

（二）任务型教学模式的局限

尽管任务型教学模式是语言教学中一种行之有效的教学模式，并且被认为与语言习得的规律相符，但是这一模式在具体运用中仍存在一些问题。

从教师层面来看，这一教学模式对英语教师所提出的要求比较高，要求教师具有扎实的专业基本功，深入理解任务型教学模式，并能够在深谙该教学理论的基础上具备比较强的任务设计能力、掌控课堂的能力、随机应变的能力、组织多种多样课堂活动的能力、教学反思能力、善于运用现代教育技术的能力，以及与之相关的对任务进行合理评价的能力等。

这一教学模式引入我国的时间比较短，并且英语在我国是长期作为一门外语被学习的。对于一些已经习惯于传统英语教学的教师来说，要想有效地应用任务型教学模式还是存在着诸多困难的。此外，就国内来看，与任务型英语教学相关的培训也比较少，这些客观上的不利因素就使一些英语教师很难对任务型教学模式有系统的认识、深入的理解。如果英语教师对这一教学模式没有深入的理解，就很可能使这种教学模式流于形式。

从学生层面来看，很多学生早已习惯传统的英语教学模式，通常对教师的依赖性比较强，并且倾向于被动接受学习模式。如果教师在运用任务型教学模式时未能全面了解学生的接受状况，就很可能出现学生不配合的情况，如学生不愿意主动地加入小组合作等，这样就很容易出现费时、低效的情况。

从考试和评价制度层面来看，目前一些人的主导思想依然是将学习重心放在题目操练和应付各类考试上，这不利于学生形成主动地培养自身的英语交际能力和综合运用能力的意识。但是，任务型教学模式的理念却与之相反。任务型教学模式需要学生在活动中完成每项任务，如果学生的精力和心思不用在这一方面，就会很容易产生积极性差和参与意识不高的局面。

三、任务型教学模式课堂任务的设置与实施

下面以"Man and Nature"（《新世纪大学英语系列教材：综合教程 4》第一单元）为例，具体说明任务型教学模式课堂任务的设置与实施。根据教学原则、教学步骤，在完成本单元教学的整个过程中，设计多个活动。

follow-up activities 是课堂引入活动，使学生能一目了然地把握本单元主题。教师向学生播放一段视频，该视频向学生呈现一组图片，待学生观看完毕之后，要求学生以小组形式展开讨论，引导学生总结出：该组图片显示了城市化进程和人类文明的发展过程，同时这一过程也是森林被砍伐、大自然被破坏的过程。在引出话题后，教师可提出问题"What do you think we should do to preserve the nature?"供学生思考。通过回答问题这样的活动，学生可以根据已有的知识和其他学生进行交流、讨论，从而很自然地进入第二阶段的正式任务：课文阅读。这一阶段要求学生从课文中找出作者就人与自然之间的关系发表看法的句子，以及作者提出解决办法的句子，并通过正误判断、完形填空、解释、举例等练习形式理解这些句子，为下一个活动做好准备。在学生对课文充分熟悉后，教师要求小组合作准备演示，这一活动是最高要求的任务活动，演示组的学生通过这一活动，实际运用英语向全班介绍有关内容，其他学生通过观看他们的演示了解自

己不太清楚的内容。这一活动为难度较高的活动,按照任务的三个阶段具体阐述任务的施行。

(一) 任务前阶段

Work in groups to prepare a presentation on one environmental problem such as deforestation, water pollution, acid rain, global warming or hazardous wastes, etc. You may find the information you need from the Internet. Your presentation should cover the causes, effects and solutions of the environmental problem you work on.

教师可要求每个小组选定一个环境问题,并对每个小组的演示应该涵盖的内容作出具体的要求。在话题和任务具体明确的条件下,学生在课前协作搜集资料时能有针对性地选择最有价值、最权威的信息。教师可提前三个星期给学生布置任务,以确保学生有充足的时间对所要研究的问题进行多渠道、多角度的资料收集。同时教师应该给学生提供资料来源,如提供网站地址、参考书目等,使任务简单化,让每位学生都有能力完成任务。在任务前阶段,每个小组的学生既能锻炼收集、整理、归纳、总结材料的能力,也能提高分析问题的能力。学生在这个阶段所做的工作和他们在这个阶段所培养起来的能力往往超过教师的预期。学生除了收集资料,还可以做一些调研工作,甚至充当记者进行街头采访,摄像并做成视频文件。学生在完成任务的过程中往往能充分体验快乐,发挥自己的才智和创造力,还能提高自己的动手能力与交际能力。

(二) 任务中阶段

教师可要求每个小组向全班学生展示成果,再由其他学生结合课文介绍知识,向他们提问以达到交流信息的目的。这样不仅锻炼了学生的表达能力,也提高了其他学生以发问的方式获取知识的能力。在这一阶段,学生运用自己的语言能力和交际策略向全班同学展示小组的劳动成果,锻炼了语言表达能力和沟通能力,也加强了与其他同学之间的交流,真正实现了生生交流。

(三) 任务后阶段

教师可对每个小组的演示的内容和语言进行评价,对各小组演示的要点和话题进行概括性小结,并指出带有普遍性的语言错误。在实际的教学过程中,教师应遵循任务型教学法的原则和理论来引导和指导学生完成任务。克拉申认为,语言习得必须在大量可理解性输入的前提下从交互性的输出中得到发展。任务型教学要面向全体学生,任务的设计要以绝大多数学生为中心,同时要考虑到学生之间的个体差异,难度要适中。任务的设计要有层次性,注重由简到繁、由易到难的层层深入。任务与任务之间应相互关联,并层层递进。随着课堂进程的发展,任务在其内容的拓展上、语言知识的难度上、各种能力的训练上都应体现出渐进性和发展性。所有的任务都必须具有挑战性,只有这样,学生为完成任务付出的努力才会有收获。

与传统的课堂教学不同,这种基于网络和多媒体技术的任务型教学模式可以构建开放的教学空间,使教学活动由课内延伸到课外,这样可以大大提高教学效果。一方面,内容更加丰富,学生不再仅仅局限于课本材料,而是围绕课文提供的主题所设计的任务,利用大学英语教学改革的环境,根据个体差异,围绕任务去进行学习,从而满足不同层次的个性化学习要求。另一方面,形式更加多样,学生的学习也不再局限于课内,或者单纯地在课外利用多媒体技术和网络资源进行的自主学习。学生可以在多方位形象直观的交互式学习环境中进行学习。这从长远来看,有助于学生自主学习能力的提高。总而言之,任务型教学模式通过模拟出真实而有意义的语言环境,向学生提供较好的语言输入和输出,使学生在互动的语言环境中完成任务,实现语言的实际运用。

第三节　翻转课堂教学模式

一、翻转课堂教学模式的内涵和特征

互联网的普及和计算机技术在教育领域的应用,使翻转课堂教学模式的应用变得可行。学生可以通过互联网去使用优质的教育资源,不再单纯地依赖授课教师去教授知识。而课堂和教师的角色则发生了变化。教师更多的责任是去理解学生的问题和引导学生去运用知识。

（一）翻转课堂教学模式的内涵

随着教学过程的颠倒，教与学的流程、责任主体、师生角色、课内外任务安排、学习地点和备课方式等方面都发生了明显变化。与传统意义上的课堂教学结构相比，翻转课堂颠覆了人们对课堂模式的思维惯性，改变了学生学习流程，从新的角度揭示了课堂的新形式、新含义。有人认为，翻转课堂打破了持续几千年的教学结构，颠覆了人们头脑中对课堂的传统性理解，倡导先学后教、以学定教，赋予了学生更多的自主性和选择性，强化了师生之间的沟通与交流，实质上是学生学习力解放的一次革命。

翻转课堂教学模式，是指学生在课前或课外观看教师的视频讲解，自主学习，教师不再占用课堂时间来讲授知识，课堂变成了教师与学生之间和学生与学生之间互动的场所，包括答疑解惑、合作探究、完成学业等，从而达到更好的教育效果。

（二）翻转课堂教学模式的特征

1.采用先学后教模式

翻转课堂是一种典型的先学后教的教学模式。在此种模式下，学生要在课程开始之前通过观看教师录制的视频或者是网络教学视频做笔记，完成相关的作业。在课堂上，学生可以将自己在自学过程中遇到的问题以及做作业时遇到的难题告知教师，和教师一起探究并最终解决问题。随着时代的发展和社会的进步，翻转课堂也要进行转型，在不改变"先学后教"顺序的同时融入新的方法和技术。以网络微视频为基础的先学后教是一种较为成功的教学范式。

与传统课堂以讲学稿、导学案为基础的先学后教模式相比，网络条件下由微视频主导的先学后教模式具有以下几个特征：第一，生动的讲解。和传统纸质的导学案相比，以视频呈现出来的教师讲解必定会更加生动形象，更受学生的欢迎和喜爱。第二，及时的反馈。与纸质导学案相比，由微视频主导的先学后教模式能够更加及时地得到学生的反馈，不管是课前学生自学情况的反馈，还是课堂上学生的学习反馈。第三，容易检索和保存。相较于导学案，电子资料更加方便检索和保存，更加有利于学生的复习。但实际上，不管是导学案还是微视频，所采取的都是先学后教的模式，二者的原理相同。

2.对学习流程进行重建

翻转课堂最外化或者说最明显的标志就是它颠倒了教学流程。学生的学习过程往往分成两个阶段：一是信息传递，这一阶段的实现离不开师生和生生之间的互动；二是吸收内化，这一阶段则由学生独立完成。因为课下没有同伴的帮助和教师的指导，因此学生常常会在第二阶段，即对知识进行内化吸收时产生深深的挫败感，从而打击自身学习的积极性，丧失学习的成就感。翻转课堂教学模式的出现彻底改变了学生的学习过程。在课前，学生就已经完成了信息传递，并且学生在自学时能够看到教师的讲解视频，能够得到教师的在线指导；在课堂上，教师会引导学生通过互动完成对知识的吸收和内化，教师通过了解学生的反馈能够给予学生更加有效的辅导，而同学们的彼此讨论交流无疑也对学生的知识内化起到了较好的促进作用。

3．加强对课堂效率的把控

对课堂的把控实际上就是对课堂的控制和调节。在翻转课堂教学模式中，课堂上的时间主要是知识内化和吸收的时间，如果能够对课堂进行有效调控，课堂氛围就会更加浓厚，课堂效率就会更高，从而能够更加充分地发挥出学生的创造性潜能。例如，在采用了翻转课堂教学模式的英语课堂上，教师更多地成为课堂的组织者、对话者、参与者，而真正的落脚点和出发点则是学生。在课堂上，教师要合理分配好各活动的时间，对课堂节奏有一个较好的把握，始终让学生成为总结发言、讨论交流的中心，让学生成为课堂的主体，让他们通过互动交流潜移默化地完成知识和技巧的掌握，并且教师要及时评价学生、时刻激励学生，推动课程的顺利完成。

4．微课程资源的无限循环

就小范围而言，微课在被上传到网络后更加容易检索和保存，也更便于学生自学。教师和家长能够共同对学生的自学活动进行督促，让学生通过观看视频完成相关任务及测验。学生也可以从自身实际情况出发对微视频进行反复观看或者查漏补缺。此外，教师也可以借助相关网络平台，及时帮助学生解决问题，了解学生的学习进度和掌握情况，这不仅有利于教师改进微课视频，也有利于提高学生的学习效率。微课程能够让不同地区和不同国家的学生享受到同样的优质教育资源，这无疑极大地推动了教育的发展。

5．重新定位教师与学生角色

传统课堂教学常常被称为教师的"一言堂"，随着翻转课堂的兴起，这种现象得到了改善，教师从刻板的知识传授者成为学生学习的指导者与促进者。由此，学生的主体地位得以充分体现。学生学习主动性与积极性的发挥是影响学习效果的关键因素。但是，削弱教师的主导作用并不意味着教师在课堂教学中不再重要，而是要求教师转变自身的角色观念，为学生的探究学习、小组学习等提供指导。

除此之外，在翻转课堂应用的背景下，教师除了是教育资源提供者，还是教学视频设计者与开发者。在学生课前的自学阶段，以视频为主的学习资源的提供至关重要，学生需要通过这些学习资源掌握本堂课的相关知识点。在课堂学习中，教师为学生答疑解惑，从而加深学生对知识点的理解。

学生原本就是学习的主角，这一观点在翻转课堂教学中得到了强化，学生可以根据自身的知识水平、学习能力等调整学习进度，并且相对自由地选择学习地点和时间。在课堂上，学生可以通过协作学习、小组学习等进行知识的吸收和内化。在课堂上，有些学生也担当着知识生产者的角色，那些学习速度较快的学生也可以给予其他同学帮助，从而承担了一部分教的角色。

不管是课前的自学还是课上的交流，其中心都是学生，学生能够自主掌握学习视频的进度，可以将内心的想法和问题与教师和同学们进行交流，他们在学习过程中比以往拥有更多的主动权，这是重新构建的和谐师生关系的体现。翻转课堂对重构师生关系较为有利的原因在于，教师让学生自主选择探究题目，并独立完成探究过程，完成知识体系的建构，真正将学生视为学习过程的主体。

二、翻转课堂教学模式的实施策略

（一）合理开发英语翻转课堂教学资源

在大学英语中引入翻转课堂教学模式，对英语教学效率的提高至关重要。因此，高校英语教师首先应根据教学目标科学开发翻转课堂教学资源，保障翻转课堂教学效果。一方面，在大学英语课堂教学中，教师应根据实际的教学任务目标和学生的学习进度，合理开发教学资源，包括视频、图片、课件等多种资源，为学生的课前自学提供丰富资源，从而加深学生对英语知识的理解。另一方面，大学英语翻转课堂教学模式下的课堂资源开发，其内容的设计应具有针对性和实用性，通俗易懂，使得学生能够通过自主学习掌握基础知识和技能。

（二）科学设计翻转课堂交流互动活动

翻转课堂教学模式下的英语教学，改变了传统的以教师为中心的教学模式，通过设计多样化的课堂交流互动活动，加强师生之间的互动和交流，形成以学生为中心的新型教学模式。一方面，在翻转课堂教学模式下，教师应根据学生的学习实际进度，合理预留相应的师生互动时间，创设多样化教学活动，如小组互动讨论、一对一指导、课后作业指导等，为学生答题解惑，满足学生的自主学习需求。另一方面，在翻转课堂教学模式下，教师应合理设计课堂交流互动活动，并针对不同的学生，提供个性化的指导计划。

（三）重视英语翻转课堂课后反馈评价

高校英语教师应注重翻转课堂课后反馈评价，合理把控学生的学习动态，从而有效提高学生的英语教学效率。

第一，在翻转课堂教学模式下，英语教师应注重翻转课堂课后反馈评价，引导学生通过课后学习讨论交流学习经验、问题等，并反思自己的学习过程，从而发现自身问题。

第二，在翻转课堂教学模式下，教师应使用多元评价方式，如课堂学生互动评价、教师评价以及学生自我评价等，使评价更加准确和全面，从而对学生的学习状况实施阶段性反馈，也为接下来的英语教学提供参考依据。

第三，在翻转课堂教学模式下，英语教学应建立有效的监督约束机制，对学生的学习进度进行有效的约束，从而保证学生学习英语的持续力和效力，使学生真正学到英语知识和技能。

第四节　情感教学模式

语言学习本身是一个复杂的习得过程，涉及各种各样的因素。这些因素所起到的作用在无形中会对学生学习外语的热情和动力产生一定的影响。但是，大学英语教学中普遍存在着"重知轻情"的现象。为了使这一现象得以扭转，我国国家教学名师卢家楣教授提出了旨在提升学生素质且行之有效的教学模式，即情感教学模式。本节就对情感教学模式相关的内容进行探讨和分析。

一、情感教学的概念

国内很多专家、学者结合自身的理解对情感教学的概念发表了自己的看法。下面笔者选取了几种比较有代表性的观点进行分析。鲁子问教授认为，情感教学具体指的是教师在教学过程中对认知因素予以充分考虑的同时，借助一定的教学手段，通过激发、调动和满足学生的情感需要来完善教学目标，增强教学效果的教学模式。吴金娥认为，情感教学具体是指教师以教学活动为基础，运用一定的教学手段来调动、激发和满足学生的情感需求，从而努力实现认知因素和情感因素完美统一的过程，以期达到提高教学效果及促进学生全面、和谐发展的目标。

二、情感教学模式的理论基础

情感教学模式的理论基础主要有人本主义学习理论、认知主义学习理论。笔者下面重点阐述一下认知主义学习理论。

认知主义学习理论是情感教学模式的理论基础之一。根据认知心理学的观点，假如输入大脑中的信息富有实用性和趣味性，那么当这些信息到达大脑这一中心加工器时，就会产生兴奋的情感，同时会使活跃的思想、行为等快速输出。那么，如何确保所输入的信息兼具实用、趣味的特点呢？最为关键的一点就是要摒弃单纯地传授语言知识这一理念，而应使语言知识的传授和真实的生活有机结合起来，这样一来更加便于学生产生兴奋点，同时也对激发学生学习的兴趣、培养学生运用英语的能力以及用英语做事的能力非常有帮助。要想更好地培养学生在真实生活中运用英语的能力，应对所要教授的教学内容进行充分分析，同时对教学条件以及教师和学生的实际情况予以充分考虑，设计出能在课堂上开展并能在真实生活中运用的任务，将情感教学融入英语教学中，摒弃传统的以传授语言知识为主的教学模式，使课堂语言教学活动更加接近自然的语言习得过程。根据认知理论的观点，英语学习的过程是新旧语言知识持续结合的过程，同时还是语言能力由理论知识转化为自动应用能力的过程。通常，这种转化与结合往往需要通过学生自身的活动才能实现。那么，在学习新内容时就应充分调动学生的情感并激发学生的兴趣和思维，以不断提升教育教学成效。

三、大学英语情感教学的现状

在英语课堂教学中，积极、健康和愉悦的情感对学生理解和掌握英语知识，提高学生综合运用语言的能力具有重要作用。那么，在我国大学英语教学中情感因素到底受到了多大的重视？教师在教学中又该如何实施情感教学呢？虽然教师和学生都知道情感教学在大学英语教学中的重要性，但是情感教学在英语课堂上具体实施的机会仍不太多。

（一）教师方面

目前，我国的大学英语教学多采用大班授课，英语课程课时相对较少，任务较重，教师往往过分强调语言学习的认知因素，如语言点的讲授以及课程进度的完成情况，而忽视了情感因素对语言学习的影响，不注重创设良好的课堂教学气氛，不注重激发学生的学习兴趣，不注重增强学生的自信心与情感体验等。在大学英语课堂中，师生情感交流较少，教学陷入一种沉闷、无生气的状态。久而久之，学生对课堂英语学习失去兴趣，出现心不在焉、低头看其他书甚至逃课等现象，学生也因达不到要求而产生焦虑、害怕、紧张、怀疑、厌恶等情感问题，最终影响大学英语教学质量。

（二）学生方面

很多大学生认为学习英语的唯一目的就是应付考试，通过大学英语四、六级考试，以求顺利毕业。虽然有不少大学生是抱着提高自身素质，为将来的事业打下良好基础的目的来学习英语的，但由于学生受到传统的"以教师为中心"的教学模式的影响，往往是被动地听教师讲、记笔记，导致课堂气氛不活跃，课堂活动参与度不高。此外，学生课堂活动参与度不高还有两个方面的原因：一方面，很多学生在面对教师和全体学生说英语时感到紧张和焦虑，总是担心自己说错，很难主动参与课堂活动；另一方面，很多学生的语音不标准，词汇量小，语感也较差，缺少自信，不敢开口，担心老师和其他学生嘲笑，尤其是偏远地区的学生更是如此，甚至导致学生不敢参与课堂活动。

有的学生虽然具备一定的英语应用技能，但当他们走向社会时，沟通能力、综合素养偏弱的学生往往缺乏发展的后劲，难以应对多变的环境。当今社会，生活节奏越来越快，压力越来越大，有些学生在认识自我价值、处理人际关系、承受生活压力或应对一些突发事件时，他们往往会不知所措，无法疏解心结，甚至会采取极端的方式。所以，除了认知能力的培养，我们还要关注影响一个人未来的情感因素的培养。

四、情感教学模式的构建

（一）充分激发和调动学生的学习动机

动机是对语言学习产生影响的基本因素之一。因此，英语教育工作者应高度重视对学生学习动机的激发和调动。要想更好地激发和调动学生的学习动机，最为关键的就是借助学生本身所固有的好奇心来激发他们的求知欲。在当前的英语教学中，最为流行的激励方式就是创设问题情境。具体而言，创设问题情境就是在内容的讲授和学生的求知心理间制造一种"不协调"，引导学生进入一种同问题相关的情境中。但是，在创设问题情境时，应确保问题小而具体，难度适当，具有一定的启发性和趣味性。此外，教师还要善于将需要解决的课题与学生实际掌握的知识相联系，在心理层面给学生制造一定的悬念。需要注意的是，教师所创设的问题应以不挫伤学生的自尊心和学习的积极性为基本前提。马斯洛将需要分成生理需要、安全需要、社交需要、尊重需要和自我实现需要五类。根据马斯洛的需求层次理论可知，每一个个体都以实现自我价值和追求成功为其高级需求，但是这些需求的实现还必须以爱、自尊等较低需求的满足为前提。因此，充分激发和调动学生的学习动机是很有必要的。

（二）进行正确的归因训练和归因指导

在情感教学模式下，还应进行正确的归因训练和归因指导，以提升学生的自信心、效能感等。事实上，归因理论是一种相对系统的认知动机理论。伯纳德·韦纳（Bernard Weiner）的相关研究表明，成功或失败的因果归因会引起期望的改变与情感反应，进而对后继的行为产生一定的促进作用。由此可见，归因是有动机机能的，具体如图 3-1

所示。

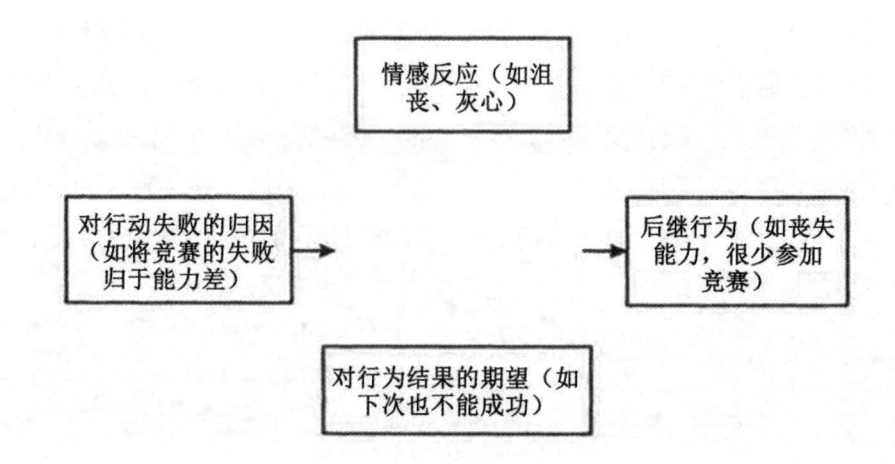

图 3-1　归因的动机机能

通过对图 3-1 进行分析不难看出，是否正确归因会在很大程度上对学生的学习情绪产生影响。有学者基于这一观点进行了很长时间的研究，并得出如下结论：只要给普通的英语教师提供一些训练和自学机会，这些教师便能够改变自己学生的归因模式与成就动机。教师的言行通常会对学生归因模式的发展变化产生一定的影响。与此同时，这也相应地对教师提出了更高层次的要求，即教师应相应转变教学观念，在教学中逐渐增强情感教育的意识，从理论层面强化对情感教育意义的把握和理解，以此来提升自身的情感修养。

（三）借助学习动机的迁移丰富材料呈现方式

情感教学模式注重借助学生学习动机的迁移来不断丰富和完善材料的呈现方式。当前科学技术的发展使多媒体技术的运用日益普遍化。事实上，多媒体技术的普及和应用极大地丰富了教学呈现的方式。例如，教师在讲课的过程中可以运用图示、实验演示、视频、幻灯片等多种方法来培养学生对学习材料的浓厚兴趣，也可以通过让学生参与具体的学习过程来激发学生的学习兴趣。只有学生真正体验到了学习的乐趣，才能更好地发挥自己的创造性和潜能。

（四）创设轻松、愉悦的学习环境

学习环境也是对学生情感产生重要影响的外部因素。轻松、愉悦的学习环境不仅有助于激发学生的学习动力和热情,还有助于陶冶学生的情操,对学生的身心发展起着潜移默化的影响作用。通常,在愉快、轻松的学习环境中,学生的思维更加活跃,记忆力相对更强,学生通常能够处于较好的学习状态。作为大学英语教师,首先应该明白,要想为学生创设轻松、愉悦的学习环境,最基本的就是给学生最大限度的自由,让学生能够在毫无拘束的环境下全身心地投入学习中。不仅如此,教师还应为学生创设民主的氛围,在此过程中,教师可充当学生的学习向导和学习伙伴的角色。学生处于这种民主、自由的学习环境中,会有一种安全感,往往会取得不错的学习效果。

第五节 分级教学模式

所谓分级教学模式,指的是以学习者的学习水平和学习潜能为标准,将学习者划分为不同层次,并在此基础上开展相应的教学活动。因此,分级教学模式体现了因材施教的教学理念,其最终目的是让不同层次的学习者在自己的起点上取得进步。

一、分级教学模式的理论

分级教学模式是教学者根据科学的教学理论开发出来的,主要包括"$i+1$"语言输入假设理论、学习迁移理论、掌握学习理论。

（一）"$i+1$"语言输入假设理论

分级教学模式以克拉申的"$i+1$"语言输入假设理论为重要的理论依据。这个理论对分级教学模式的影响主要表现在以下两个方面:

第一,从课程理论角度来看,"$i+1$"理论不仅注重知识的获得,更注重学习者获得知识的途径。具体来说,"$i+1$"理论强调学习应采取循序渐进的步骤、方法和过程,这正是分级教学的精髓。

第二,从教学实践来看,分级教学根据学习者在性格、动机、态度、认知风格、语言技能等方面的差异来确立不同的教学目标要求与方法,符合"$i+1$"理论的要求。

(二)学习迁移理论

学习迁移指的是已学得的学习经验对如今学习的影响,一般包括两种影响:当之前的学习经验对学习起促进作用时,便是正迁移;当之前的学习经验对学习起抑制或干扰作用时,则属于负迁移。美国教育心理学家戴维·保罗·奥苏贝尔(David Pawl Ausubel)的认知结构迁移理论认为,学习者头脑内的知识结构就是认知结构,当学习者对新知识进行同化时,其原有认知结构在内容与组织方面的特征就是认知结构变量。奥苏贝尔提出了影响新的学习与保持的三个认知结构变量,并且认为通过操纵与改变这三个认知结构变量可以进行新的学习与迁移。以奥苏贝尔的认知迁移理论为基础,把对原有知识掌握水平相当的学习者安排在一起组织教学,即采取分级教学模式,能够促进学习的正迁移,取得较好的教学效果。

(三)掌握学习理论

美国心理学家本杰明·布鲁姆(Benjamin Bloom)的掌握学习理论认为,学习者的成绩不理想不是因为学习者的智慧欠缺,而是由于欠缺完备的设施与合理的帮助等。当具备适当、合理的学习条件时,绝大部分学习者的学习能力、速度与动机等都会变得相似。因此,采取分级教学模式可为不同潜质的学习者提供多样化、个性化的教学手段,从而尽可能地将学习者的潜能挖掘出来。

二、分级教学模式的原则

分级教学模式在具体实施之中需要遵循一定的原则,主要包括循序渐进原则和因材施教原则。

(一)循序渐进原则

《朱子读书法》云:"循序而渐进,熟读而精思可也。""未得于前,则不敢求其后;未通乎此,则不敢志乎彼。"遵循循序渐进原则,就是指教师在传授知识时既要尊重知识的内在规律，又要采取相应的学生可以接受的教学形式。分级教学模式使教师得以在学生英语知识体系的基础上进行教学，采取适合他们的教学方法，从而使学生逐步提高语言技能。

（二）因材施教原则

《论语》云："柴也愚，参也鲁，师也辟，由也喭。"朱熹在《四书章句集注》中说："孔子教人各因其材。"所谓因材施教，是指教师要从学生的实际出发，有的放矢地进行教育。

由于环境、教育、学生本身的实践等方面的不同，学生之间必然存在一定的差异。近年来，随着高校扩招政策的推进，越来越多的学生得以接受高等教育，但不同学生在英语水平方面的差异却不容忽视。在这种情况下，如果不对这种差异进行充分考虑就把英语水平悬殊的学生安排在同一班级，很容易出现"水平低的学生吃不消、水平高的学生吃不饱"的尴尬局面，进而造成教学资源的浪费。而分级教学模式承认学生之间的个体差异，可以为学生提供满足其自身需要的教学条件，从而取得理想的教学效果。

三、分级教学模式的实施

分级教学模式的实施可以从以下几个方面着手：

（一）科学、合理地进行分级

分级教学不要求全体学生达到同一目标，而是按照不同的级别制定不同的教学目标。因此，科学、合理地进行分级是分级教学模式取得实效的前提。为此，应采取科学的分级试题和分级标准。分级标准则应对分级测试结果、个人实际水平、个人意愿等因素进行综合考虑。在具体的教学实践中，将学生分为 A 级与 B 级两个级别较为合理。此外，为缓解 B 级班学生的心理压力，调动他们积极的学习情感，可利用周末时间为他们补课。这样，B 级班学生可以尽快达到 A 级班学生的水平，从而在同一起跑线上竞争。

（二）提高分级区分程度

高考英语成绩与入学英语摸底考试成绩是很多院校进行分级的标准。但是，常常有一些学生因为几分之差甚至因一分之差而没能进入 A 级班，而这几分之差往往很难说明英语水平的高低。因此，为了提高分级的合理性，可在分级时听取学生本人的意见，并采取双向选择的方式。学生往往对自己的实际英语水平与兴趣点有较好的把握，他们由被动接受转为主动选择可以增强主体地位，这也可以增强他们在后续学习过程中的自觉性与积极性。

（三）实施升降调整机制

实施升降级调整机制，就是对学生的学习程度进行动态管理，使学生的级别随学习的兴趣、成绩以及能力的变化而变化。具体来说，B 级班的学生取得进步，达到 A 级班水平时，教师可将其升入 A 级班，以激励学生取得更大的进步。A 级班的学生未能取得进步，且成绩滑落到 B 级班程度时，教师也可将其降到 B 级班，以给予其适当压力。需要注意的是，进行升降级的调整应坚持选拔与自愿相结合的原则，且应在一定时间范围内定期调整，不可过于频繁。

（四）制定科学评价标准

在分级教学模式下，不同级别应采用不同难度的试卷，这就很容易造成一种不良现象，即英语水平高的学生所取得的英语成绩低于部分水平低的学生。因此，为增强评价的科学性，可采取以下两种措施：

第一，采取总结性评价与形成性评价相结合的方式来确定最终成绩，具体办法是增加平时表现在总评成绩中的比重。

第二，根据各级别试卷的难度设定一个科学的系数，通过加权算法从宏观上调整两个级别的分数。

（五）尽量避免负面影响

任何事物都是优势与不足的集合体，分级教学模式也不例外。作为英语教学改革中的新生事物，分级教学模式不可避免会带来一些负面影响，如操作过程较为复杂、考勤管理较为烦琐、学生产生不良情绪、班级归属感减弱等。这些问题不及时解决，会对分级教学模式的推进带来阻碍。因此，教育管理者需要制定相应的制度规范并根据遇到的问题及时调整，从而将分级教学模式的不良影响控制在最小范围，将其优势最大限度地发挥出来。

四、分级教学应注意的问题

尽管在日常的英语教学中分级教学有利于提高课堂效果，也最大限度地体现了个性化教育，然而在实施分级教学时教师也要注意以下几个问题：

（一）教师的教学观念要正确

一种好的教育教学模式的形成绝不是一朝一夕的，不能急于求成。英语分级教学模式的形成同样需要教师长期踏实工作，在这个过程中教师肯定要经历探索、尝试、失败，有时甚至会感到痛苦。教师如果能在这种蜕变过程中坚持下来，不断总结、反思、再实践，就能不断完善、提升，从而掌握一种有效、成熟的教学模式。

（二）教师要具备较强的教学组织能力

在实施分级教学的课堂上，教师既要最大限度地挖掘优秀学生的潜力，又要最大限度地提高后进生的课堂参与度。在实施分级教学的课堂上，既有教师的讲授，又有小组间的活动，所以教师的课堂目标设定能力和教学组织能力急需在实践中得到提高，否则有可能一节课只关注到某一类学生而忽略了其他学生，从而降低了课堂教学效果。

（三）教师要充分考虑学生的差异

分级教学的最终目的是使全班学生都得到最大限度的发展，追求的是不同层次的学生都能获得成功的体验，所以教师不能只把目光放在优秀学生的身上，把后进生当作负担，也不能在课堂上只注意后进生基础知识的掌握情况而忽略了对优秀生能力的挖掘。这就需要教师在备课时一定要充分考虑学生的差异程度，设立正确的课堂教学目标，采用有效的课堂教学方法。

（四）教师要加强对学生的心理辅导

无论是优秀生还是后进生，他们都希望得到教师的关注。教师的教学方法、对他们的态度，他们都知道，因此一定要避免在开展分级教学时增加学生的心理负担。毕竟在分级教学的课堂上，教学目标是不同的，教学方法也是多样的，教师要特别注意学生的心理变化，尤其要关注后进生，如果发现他们有焦虑、自卑、叛逆等情绪，教师要尽快做好学生的心理疏导工作，或及时调整教学方法，以消除他们的不良心理状态。

教师应该有让学生几乎察觉不到的分级教学的艺术，无论是在课堂教学、作业布置上，还是在每一个环节的评价上，都应该用爱悄悄地点燃学生心中那个热爱学习和喜欢挑战的火种，但是这一切对教师来说极具挑战性。

第六节　模块教学模式

模块教学模式是大学英语教学改革的重要组成部分。这是一种系统性的教学模式，以大学英语教学为系统，将其分为知识、技能、拓展三大模块，从而提高学生的综合语言应用能力。

一、模块教学模式的概念

随着英语教学改革的推进，英语教学系统发生了重大变化，英语教学开始向着能力化、技能化、多样化、信息化的方向发展。英语模块教学模式就是在这种转变中被提出的，因此在一定程度上反映了时代发展对大学英语教学的要求。所谓模块教学，指的是通过一个能力和素质的教育专题，在教法上强调知能一体，在学法上强调知行一致。模块教学模式主张提高学生的素质和具体技能，主张在教学中通过集中开展实践活动来实现教学目标。

大学英语模块教学能够丰富英语课程，实现课程的多样化。此外，模块化的教学形式通过形式丰富的课程，可以提高学生对英语学习的兴趣，调动学生学习的积极性。随着现代科学技术的发展，英语教学课程的固定化模式越来越难适应社会的发展变化。采用模块教学，能在一定程度上使英语教学贴近时代发展，增强人才培养的时代性。

二、模块教学模式的展开

英语模块教学模式主张在一定时期内对学生进行阶段性目标的培养。这种观点正好迎合了教学要求。由于模块教学模式是对整个教学系统的管理，因此其在实施过程中需要教学工作者进行科学设计。学者李晓梅、罗桂保对大学英语模块教学中的模块分类进行了划分，如表3-2所示。

表 3-2　大学英语模块教学中的模块分类

基本分类	更细致的模块分类
知识模块	语音模块
	词汇模块
	语法模块
技能模块	听说模块
	阅读模块
	写作模块
	翻译模块
拓展模块	各门外语类选修课
	第二课堂活动

下面以拓展模块为例，对模块教学模式进行分析。拓展模块的目的主要是对学生的能力进行拓展，因此可以开展丰富多样的课程。具体可以包含以下几个方面：

模块1：开设应用专业型英语后续课程，如时事新闻、商务英语、旅游英语、经济英语、法律英语、商务信函写作、实用英语写作等。

模块2：开设实用技能型英语后续课程，包括日常口语提高、高级口语、听力提高、演讲、视听说、高级写作等。

模块3：开设跨文化知识型英语后续课程，介绍西方各国文化、常识、思维方式、价值观、民俗、礼仪、历史、教育等。

模块 4：开设欣赏型课程，内容包括欣赏电影、音乐、神话、小说、诗歌、散文、演说等。

模块 5：开设综合考试型课程，包括通用英语、考研英语等。

上述模块依据学生和社会的需求，以语言实践为目的，提高学生的实际应用英语能力、语言能力、文化修养、专业信息获取能力、语言表达能力，从而使学生更适应社会的需求。这样的拓展模块设计，细化了学生对大学英语教学的需求，在整体上建立和完善了与传统大学英语教学体系完全不同的大学英语拓展模块体系。

第七节　研究性学习教学模式

在大学英语教学中充分利用网络资源，开展研究性学习，是与大学英语教学改革的总体要求相吻合的。大学英语研究性学习是当前大学英语教学改革的大趋势，是培养创新人才的有效途径，目前在很多大学得到推广和实施，并取得很好的教学效果。本节就重点介绍研究性学习教学模式。

一、研究性学习及其教学模式的概念

20 世纪五六十年代，美国芝加哥大学的约瑟夫·施瓦布（Joseph Jackson Schwab）教授在 1961 年哈佛大学的纪念演讲中首先提出了"研究性学习"的概念。施瓦布认为学生的学习过程与科学家的研究过程在本质上具有相似性。因此，学生应该在日常学习过程中努力发现问题、解决问题，以期获得知识，提高自身的语言能力与研究能力。上述观点在 20 世纪 80 年代受到了国际教育界的广泛认可。

对于研究性学习，我国很多学者都给出了自己的看法。钟启泉认为，研究性学习是学生在教师指导下，从学生生活和社会生活中选择和确定研究专题，主动获取知识、应用知识、解决问题的学习活动。叶平、姜瑛俐认为，研究性学习教学，顾名思义就是学生在教师的指导下，以类似研究的方式进行学习，从而发挥主观能动性，以获得知识。

研究性学习教学模式的本质是让学生在再次发现和重新组合知识的过程中进行学习。研究性学习基于建构主义心理学和发现说，是一种以学生为中心，以自主学习为主要路径，以能力培养为价值取向，重视探索、研究、发现等学习实践过程的开放式教学和学习方式。

总体来说，对于研究性学习的概念，学术界主要存在以下两种看法：

第一，研究性学习是在开放的教学环境中，以培养学生研究式学习方式为目标的定向培养课程。在研究性学习教学中，教师需要使学生了解不同的研究方法，从而提高学生的研究技能与学习能力。

第二，从狭义上讲，研究性学习是相对于传统的接受性学习而言的，其通过使用探究性学习和教学方法来提高学生的学习能力。

研究性学习以自主性、探索性、开放性和创造性为特点，让学生通过亲身实践获取直接经验，形成科学精神和科学态度，掌握基本的科学方法，提高综合运用所学知识解决实际问题的能力。和传统的英语教学模式不同，在研究性学习教学模式中，学生是学习的主体，是知识的主动建构者，教师是教学活动的组织者、引导者和促进者。在这种教学模式下，师生关系能够得到和谐发展，学生通过积极建构进行知识的学习。总而言之，研究性学习教学模式是指在创新性教育观念的指导下，以建构主义心理学和发现说为理论基础，坚持以学生为中心，以自主学习为主要路径，以能力培养为价值取向，重视探索、研究、发现等学习实践过程的教学模式。

二、研究性学习教学模式的意义

研究性学习教学模式是一种新的知识观、教学观，是大学英语教学改革的重要模式之一。研究性学习教学模式主张学生的平等参与，对学生进行能力教育，同时其学习方式向着深度学习转变，使学生真正成为学习的参与者。

（一）有助于知识观的建构

传统的英语学习是一种旁观性学习，学生对知识的吸收主要通过被动的记忆与课堂教学。研究性学习教学模式展开的前提是对学生的知识观进行改变，从而使学生建立一种新型的主动的知识观。在研究性学习教学中，学生能够真正有效地参与课堂活动，从而将课堂知识内化为个人知识。在这种模式下，学生的参与意识得到激发，会在学习中注入自己的热情、经验等。

（二）有助于新课程观的建构

传统的大学英语教学主要受知识课程观的影响，教学中将关注点放于教学目标与结果的完成上，使英语课程带有控制性与封闭性。而研究性学习教学模式则以能力课程观为指导，在教师的引导下，学生能够根据自己的兴趣、爱好等进行不同的课题研究，从而培养自主学习能力、独立创新能力等。研究性学习教学模式的能力课程观尊重并鼓励学生的个性化发展，主张在开放的教学环境中开展活动，反对在教学中过多地渗透成人的经验与文化，而以学生的经验为核心进行教学的展开与实践。学生角色的转变能够使学生对学习进行反省，从而对知识进行重新理解与吸收。

（三）有助于新教学观的建构

研究性学习教学模式主张对学生世界观、学习观和知识观的重新建构，通过在情境中展开教学，增强学生的主动性与社会性。这种教学模式以理解现实世界为目的，是一种应用性很强的教学形式。在研究性学习教学模式中，教师通过探究的方式进行教学的组织与知识的传授，师生之间是一种平等、互助的关系。教师通过对教学的引导能够开发学生不同的特质，从而进行个性化的教学。

三、研究性学习教学模式的展开

研究性学习教学模式要求以开放的教学环境为依托，以学生能力的提高为目标展开教学活动。因此，其教学关键是对学生的实践能力与创造能力进行培养与提高。这种教学模式要求打破传统英语教学的束缚，关注学生的学习潜力与个性特点，从而使学生成长为拥有独立学习意识与自主钻研能力的学生。下面笔者对研究性学习教学模式展开的几个重要方面进行阐述。

（一）创设适合教学的问题情境

研究性学习教学模式主张对学生学习的积极性和主动性的开发，因此在教学过程中创设一定的问题情境是十分有必要的。适合教学的问题情境要能够引起学生的求知欲望，通过将教学内容与求知心理相结合，让学生主动将自己代入学习中。同时在这种教学模式下，学生能够清楚地了解教学目标，因此其研究的欲望就能得到激发。教师在设计教学问题的过程中，需要考虑到问题的趣味性、挑战性，并结合学生的年龄特点进行开放性和实践性的教学。

（二）注意独立研究与合作交流的结合

研究性学习教学模式主张培养学生的独立思维，因此教学过程中学生能够根据自己的经验对教学内容中的问题进行研究与发现。这种独立研究能够调用学生的思维，是其主动建构知识的过程。这个过程和传统英语教学中被动地接受知识不同，能够使学生感受到获得知识的喜悦，从而增强学生的自主意识，提高学生的独立研究能力。在研究性学习教学模式中，还需要让学生在独立研究的基础上进行小组内或班级内的合作交流活动。在这种交流活动中，学生能够展示自己的思维过程与研究方式，并吸收其他同学研究的优秀之处。在交流与融合的过程中，学生的合作意识会得到增强，语言运用能力会得到提高，同时班级凝聚力也会有所增强。

（三）教师在研究性学习教学中的作用

在研究性学习教学模式中，教师扮演的角色得到了改变，变成教学的指导者与促进者。相比传统教学，这种开放性的教学对教师的要求有所提高。研究性学习教学模式是一种新兴的英语教学模式，因此学生很难在最开始时就完全适应，同时也不能领会到这种教学的意义。在研究性学习过程中，教师对学生的引导十分重要。教师需要保证一定的教学效果，同时还不能过分干预学生主体性的发挥，这对教师的能力是重大的考验。

为了改善研究性学习教学模式的效果，教师可以利用多样的英语教学手段开展教学工作。例如，通过多媒体、网络进行教学内容的展示，引起学生对其研究的兴趣。在学生研究的过程中，教师可以从中引导并教给学生常见的研究方法。在学习结束后，教师还需要对此次教学的目的、研究内容、研究意义进行总结，从而使学生的学习主人翁意识得到增强。

四、研究性学习教学模式在大学英语教学中的应用

大学英语教学是学生提升语言能力的关键一环，在这个过程中使用研究性学习教学模式能够提高学生语言运用的能力，为其以后进入社会进行语言交际打下良好的基础。研究性学习教学模式是一种开放型的教学，如今已得到广泛应用。

（一）大学英语视听说课中研究性学习教学模式的应用

在传统的英语视听说课中，学生主动学习的热情不高，因此教学效果往往也不太理想。众多学者主张将研究性学习教学模式应用到英语视听说教学过程中，初步构建以"策略引导—多元互动—立体化"为特色的大学英语研究性学习视听说教学模式，如图3-2所示。

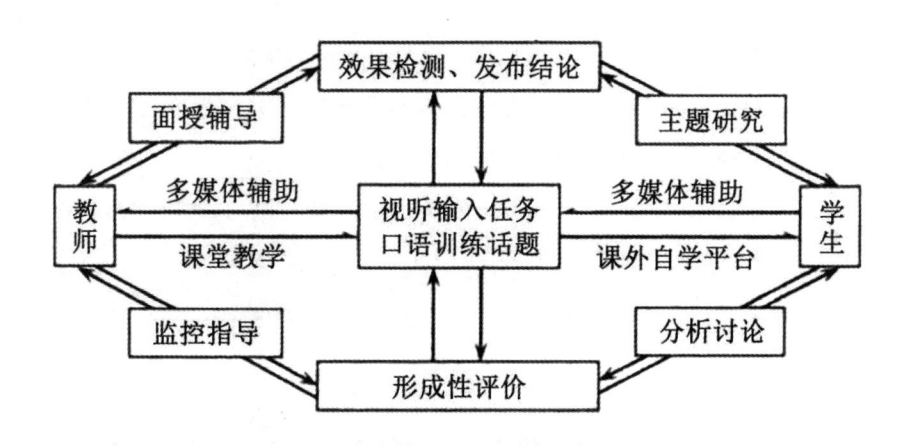

图 3-2 大学英语研究性学习视听说教学模式

通过对上述教学模式的分析，可以看出该教学模式的展开主要以学生为中心，教师在教学中主要起引导作用；同时，突破了课堂教学的限制，延伸到了课外，大大扩展了学生的学习范围。

（二）大学英语语法课中研究性学习教学模式的应用

语法是一种规则性知识，需要学生进行记忆，关于语法的教学相对枯燥。因此，在教学中增强学生的学习兴趣与学习主动性，是提高语法教学质量的重要途径。在大学英语语法课中，教师可以采用探究性学习的形式进行教学。这种教学模式是半控制教学，可以通过以下几个步骤展开：

第一，教师创设需要解释的语法情境。

第二，对教学活动任务进行解释说明，要求学生在后续练习中使用要学习的语法项目。

第三，教师提示不同的语法情况。

第四，学生根据自己的想象与语言基础进行解释。

这种研究性学习教学有助于调动学生的积极性与想象力，对提高学生的语言使用能力也大有裨益。

（三）大学英语词汇课中研究性学习教学模式的应用

英语词语大都具有一词多义的特点，在教学中无法穷尽每个词语的每个含义，因此进行研究性词汇教学有助于学生自主探索词语的含义与用法。这种方式在增加教学趣味性的同时，对学生词汇量的提高也有重要的作用。

研究性学习教学模式对大学英语教学有着重要的指导作用，教师可以根据具体的教学实际与学生的特点开展有针对性的教学工作。

第八节　ESP 框架下大学英语教学模式

在经济全球化的背景下，英语作为国际主要的通用语言之一，需要满足各类人员的需要。在此条件下，ESP 应运而生，它是一种基于特定行业、特定内容的英语类型。ESP 是 English for Specific Purposes 的缩写，也就是平常所说的"专门用途英语"或"特殊用途英语"，如旅游英语、外贸英语、财经英语、商务英语、工程英语等。ESP 具有更强的专业性，实用价值比较高，这与我国高校人才培养的目标相一致，传统的大学英语教学模式很难满足高素质人才培养的需要，教学模式的改革成为必然。大学英语教学模式改革需要以新的思路为指导，以新的模式为创新，将 ESP 全面融入英语教学中来，突出专业性英语人才的培养目标。

ESP 教学理论是由英美等国的应用语言学家在 20 世纪 60 年代提出的。当时，世界各国已逐步从第二次世界大战的创伤中恢复过来，全球经济迅猛发展，科学技术日新月异，国际贸易、金融保险、邮电通信、国际旅游、科技交流等全球范围内的交往日益频繁，英语作为国际通用语言的地位也日益得到加强，成了一种世界性语言。不同专业的学生具有不同的学习目的，这就要求采用不同的教学内容和教学方法，改革传统的概念，确立新的概念，即把英语当作交际工具来教，培养学生在不同的实际环境中运用英语的能力。而随着语言学领域的革命及教育心理学的发展，人们开始强调学生个人的需求和兴趣，认为学习态度和学习动机对学习效果有着重要的影响，因而教学的重心应由传统的"教师中心"转向"学生中心"，并最终转向"学习中心"，这些领域的研究成果都为 ESP 的形成奠定了理论基础。为了满足各类人员学习英语的需要，ESP 便应运而生了，而学英语热的持续升温又促进了 ESP 的迅速发展。

一、ESP 的特点

ESP 是一种目标明确、针对性强、实用价值高的教学途径。ESP 具有以下几个典型特点：

第一，ESP 是一种教学途径，不是特殊的语言种类，也不是某种产品，它与教学方法、教学技术有本质区别。ESP 通常是指语言本质和如何进行语言学习的研究。

第二，ESP 教学是英语语言教学的一个分支学科，并不是有别于常规语言教学的特殊存在。ESP 通常与特定学科领域或者职业有紧密的联系，是根据学生的学科需求或者职业需求所设置的英语课程，实用性和针对性较强。

第三，ESP 教学在原则和教学方式上与一般用途英语教学基本统一，并没有独特的教学方法。ESP 教学与普通英语教学的不同之处就是根据学生学习需求的不同，进行教学方法和教学内容的转换。由此可见，对学生的需求分析是 ESP 教学活动开展的重要部分。

第四，ESP 是一个特定的语言范围。部分学者曾统计得出 ESP 与常规英语词汇超过半数是重叠的，而且很多科技词汇都是由常规词汇通过构词法派生出来的，ESP 与常规英语的语法结构基本保持一致。因此，ESP 与常规英语是紧密相连的，ESP 不能作为独立于英语语言之外的专门语言，它只是一个特定的语言范围。

第五，ESP 是一种多元化的教学理念。由于学生的需求不同，ESP 的教学内容、教学方法也呈现出多样性。由于 ESP 与特定的学科领域、职业领域具有一定的相关性，因此 ESP 的语言知识涉及大量的专业知识，学生的需求也表现出不同的特点。在不同国家和地区，ESP 教学的政策支持、教学重点存在很大差别，这也会导致 ESP 教学内容、教学方法呈现出多元化的趋势。

二、ESP 在我国大学英语教育中的定位

在我国大学英语教学改革的大背景下，外语界大批研究者对我国大学英语教学的方向提出了自己的观点。秦秀白认为，大学英语教学应该定位在 ESP 上，并提出了较为具体的想法：大学阶段的前两年，学生应该学习学术英语（English for Academic Purposes, EAP），其听、说、读、写诸多方面的技能训练都应围绕开展学术活动进行；到了高年级阶段，学生应该结合自己的专业学习更高层次的学术英语，相当于国外倡导的"专用学术英语"。蔡基刚提出，我国大学英语教学的发展方向应该是 ESP，而不是外语通识教育。他明确提出，外语人文类课程不能也不应成为基础英语后的唯一选修课程，更不能成为大学英语的发展方向，未来大学英语教学的定位应该是 ESP 教学或 EAP 教学。

张莉与方悦娴在对国内 ESP 教学发展状况进行研究的基础上，提出 ESP 将是大学英语课程改革的出路，并对 ESP 课程在各类型大学的定位提出了自己的看法。她们认为，就学校而言，普通院校以基础英语（English for General Purpose, EGP）为主，ESP 作为辅助或选修；重点大学应逐渐转向不设公共英语课，学生入学后直接接受双语教学。关于 ESP 在我国英语专业教学中的定位，多位研究者如南佐民、陈葵阳等都表达了类似的观点，即 ESP 是培养复合型英语专业人才的一种有益尝试。孙有中和李莉文则认为，无论是英语专业还是非英语专业的大学英语教学，教学中心都应该及时根据 ESP 作出调整。关于 ESP 在我国英语教学中的定位，这些研究者基本都认同 ESP 教学是我国大学英语教学的发展方向。但大部分研究者对 ESP 在我国大学英语中的应用深

度还持保守态度。大多数研究者认同大学英语要分阶段教学,先是通用英语教学,再进行 ESP 教学。我国普通高校的大学英语教学不应该再有阶段的划分,因为现在大部分学校的公共英语课程只有三个学期。在有限的课时内,将一门课程进行分割,无法让教学软资源和硬资源得到集中有效的利用,必然会使课程效果大打折扣。正如蔡基刚对大学英语教学的观点:"大多数大学都可以用学术英语替代目前的综合英语。我们不是要取消大学英语,我们要的是另一种大学英语。"这里的另一种大学英语指的就是 ESP。

三、大学英语教学运用 ESP 理论的可行性

英语教学的最终目标是使学生学会使用英语,培养学生在特定职业范围内运用这门语言的能力。因此,大学英语教学必须考虑学生的英语学习需求和用人单位对人才的需求,以满足不同专业对学生的不同要求,为学生提供真正实用的服务。ESP 教学使语言学习服务于专业学习,帮助学生在实际工作中以最快速度直接了解各专业领域的最新发展动态,使学习与实践相互促进。引入 ESP 教学,将其与相关专业的英语教学有机结合起来,有助于培养出既精通专业,又有较强外语能力的复合型人才。ESP 教学是社会语言学给语言教育制定的高标准,也是社会实践的基本要求。实践表明,运用 ESP 理论指导大学英语教学是可行的。

（一）ESP 的教学原则符合大学英语教学要求

ESP 主要有以学生为中心、真实性、需求分析三大基本教学原则,ESP 的三大教学原则也符合大学英语教学的要求。

1.以学生为中心的原则

ESP 具有鲜明的目标性,其学习者多为成年人,且学习时间有限。大学英语的教学大纲和教材都是建立在学生将来的工作需求基础上的,这些都决定了它的教学过程必须"以学生为中心"。ESP 教学以培养学生的交际能力为目标。教学目标的确定、内容的选择和教学方法的采用,首先要考虑学生学英语的目的和原因,要由他们用英语进行交际的需要和学习的需要来决定。有学者认为,虽然强调语言运用可以帮助我们陈述教学目的,但在 ESP 教学中我们关注的并不是语言的运用,而是语言学习。因此,真正有

效和可行的 ESP 教学途径必须建立在充分了解语言学习过程的基础上。这里的语言学习指的是能使学生理解和说出规范语言的学习策略和教学方法。强调语言学习，实际上就是强调开展以学生为中心的各种教学活动。这一点符合大学英语教学要求。大学英语教学要改变传统的以教师为中心的方式，在教学大纲和课堂教学等方面都强调以学生为中心，设计多种形式的课堂教学活动，根据不同的课程需求、不同学生的语言水平采用灵活多样的课堂学习任务，让学生"learning by doing"，提高学生自主学习能力和参与能力，充分调动学生的学习积极性，发挥学生的主观能动性，注重培养学生的语言实践能力、跨文化交际能力等，做到让学生学一点、会一点、用一点，从而提高大学英语教学的效率。

2.真实性原则

真实的学习任务是体现 ESP 教学真实性原则的重要组成部分。真实性是 ESP 教学的灵魂。教材内容主要来自与专业相关的真实语料，练习设计和课内外教学活动都应体现专用英语的社会文化情境。真实的语篇加上真实的学习任务才能体现 ESP 教学的特色。真实的材料包括科技杂志的文章、实验报告和产品使用说明等不同体裁的语料。真实性体现在听说写读等语言技能的训练以及学习策略和交际策略的应用上。大学英语教学也要求尽量使用和专业相关的真实材料，使学生的学习更有针对性和目的性，以便学生毕业后能尽快适应岗位工作。一般来说，高校学生对目标岗位的真实任务和真实材料有较大的兴趣。坚持真实性原则，有助于调动高校学生学习英语的积极性和主动性。

3.需求分析原则

需求分析是制定 ESP 教学大纲、编写 ESP 教材的基础。在 ESP 教学领域，需求分析包含两个方面的内容：一是分析学生的目标需求，即分析学生将来必然遇到的交际情境，包括社会文化环境、工作环境以及特定环境可能给学生在未来工作中带来的特定心理状态等。二是分析学生的学习需求，包括学生缺乏哪些方面的技能和知识，哪些技能和知识应该先学，哪些应该后学，哪些是学生喜欢的学习方法等。约翰·M. 斯韦尔斯（John M. Swales）认为，学习需求分析还应包括对教学环境的考察，因为校园或课堂文化氛围、教师队伍状况、教学后勤工作等也会直接影响教学需要。高校学生英语水平差距较大，应用能力更是参差不齐，所以，大学英语教学要强调"以实用为主，以够用为度"，从学生的实际需要出发进行教学。教师要根据不同学生的基础，设计、调整好教学层次，突出职业岗位的重点能力，有所侧重，并使学生的听、说、读、写、译各项语言技能协调发展。大学英语教学课时安排非常有限，教师应结合学生的专业需求，教给学生迫切需要的、必不可少的语言知识和技能，以最大限度地提高学生在校学习的效率。ESP 将需求分析作为教学的出发点和中心，分析和满足不同学习者的不同需要。

从以上内容可以看出，ESP 教学体现了语言教学和学习是为行业发展岗位技能提高服务的，能够激发学生的学习热情。ESP 的教学原则与大学英语教学所提倡的尊重学生的学习个性和特点、一切以学生的真实需求为本的理念不谋而合，运用 ESP 理论指导大学英语教学是可行的。

（二）ESP 的教学理念与未来大学英语培养目标一致

ESP 强调从专业的需求出发，探求一种英语与专业相结合的方式。它以实用为导向，与职业紧密结合，注重学生语用能力的培养。这与现阶段我国大学英语教学强调的培养与职业能力相匹配的英语使用能力这一目标一致。ESP 注重培养学生的交际能力，提高学生使用英语在目标岗位范围内活动的能力，培养能够在特定专业领域或行业领域内运用专业语言交际的专门人才。现阶段，我国大学英语的培养目标也是培养学生在特定职业范围内运用这门语言的能力。ESP 目标的设置把目标情境分析或需求分析作为教学的出发点，提炼出与职业或学术领域相适应的英语应用能力，然后整合词汇、语法、教法等教学因素，形成一个针对性特别强、以实用能力训练为中心的教学路径。现阶段大学英语教学以岗位所需英语为基本目标，使学生在其将来的工作岗位上能够借助英语完成工作任务。由此可见，ESP 为我们提供了实现大学英语教学目标的可借鉴观念和工具。

（三）高校学生具备接受 ESP 教育的基础

ESP 学习者均为成年人，包括从事各种专业的高级人才，在岗或者正在接受培训的各类人员，在校大学生、职业中学的在校学生等。他们把英语作为一种手段或工具来学习，以便进一步进行专业学习或者有效完成各项工作。高校学生通过高中阶段的学习已具备了一定的英语语言基础，即不论将来从事何种工作，都必须掌握的语言知识。高校学生的词汇量、语法知识、文化背景知识和交际技能等已经能够帮助他们完成一般的交际任务，他们已经具备一定的接受 ESP 训练的能力。学校可在此基础上开展 ESP 教学，使他们在某一专业或职业上实现英语知识和技能专门化。ESP 教学是通用英语教学的扩展和延续，是从基础英语能力的培养向英语应用技能的培养的过渡。高校学生通过对专业英语的学习掌握一定的专业词汇和会话，能阅读专业相关产品使用说明、操作指南，熟悉行业英语实用写作规范等，这实际上是对学生专业能力的提高和补充，是对学生终身学习和可持续性发展的铺垫。

（四）高校教师具备 ESP 教师的潜质

从当前的通用英语教学过渡到标准的 ESP 教学还需要一个过程。要想进行 ESP 教学，教师既要有较高的英语水平，又要有一定的专业知识，应该是英语教师和专业教师的完美结合。高校教师具备进行 ESP 教学的潜质。高校可以通过对已有的教师资源进行培训，来培养符合 ESP 教学要求的具有综合语言能力的教师，也可以对具备良好英语基础的英语教师进行专业培训，鼓励年轻的英语教师攻读其他专业的硕士学位，或对英语水平达到一定标准的其他专业的教师进行英语培训，不断壮大"双师型"教师队伍，使他们成为支撑 ESP 教学的优秀教师。同时，高校英语教师和专业教师还应加强业务合作，进行跨学科合作教学，弥补彼此的不足，不断提高教学队伍的素质，逐步建立起一支专业知识和英语知识都过硬的 ESP 教师队伍。目前，高校与企业的产学研合作不断深化，高校英语教师的操作能力和动手能力在这个过程中不断提高。高校英语教师对学科专业知识、发展趋势和企业岗位实践的了解逐步深入，再加上其扎实的语言基础知识，为 ESP 教学奠定了基础。

大学英语教学应考虑学生的学习需求，将学习基础语言与学习专业语言结合起来，教学重心需要从 EGP 教学向 ESP 教学方向转移。运用 ESP 理论指导大学英语教学是一次大的革新，也是大学英语教学改革的现实需要。

四、国内大学 ESP 课程历史沿革

我国 ESP 课程的历史可以追溯到中华人民共和国成立初，当时国家迫切需要科技的支持，需要一大批能够看懂国外科技文献的专业人才。在这样的时代背景下，我国大学的英语教学内容以科技英语为主，学生学习英语就是为了阅读科技文献。这一阶段大学英语就是 ESP 阅读课程。改革开放以后，我国大学英语教学开始慢慢转向听、说、读、写、译能力的全面培养上。大学英语教学基本分两个阶段：基础英语教学阶段和专

业英语教学阶段。专业英语教学主要是由学科教师来承担的，在某种意义上专业英语课程就是专业相关材料阅读课。大学英语教学的主要任务是通用英语，因为专业英语在大部分高校都不属于大学英语教学组的课程任务，而归为各专业学科组。近年来，国外语言学的各种流派和各种语言教育的理论与方法不断进入我国英语教学研究者的视野。在应用语言学理论的影响下，ESP 在我国大学英语教学改革中受到越来越多的关注，我国各大高校也开始开设越来越多的不同类别的 ESP 课程。

根据我国部分高校开设英语课程的现状可以看出，虽然许多高校的大学英语教学部系针对非英语专业本科生开设了一些 ESP 课程，但是大都是学术英语。许多大学各专业部系也开设了自己的 ESP 类课程，主要是专业英语课和双语课程。专业英语课程的开设主要集中在自然科学类学科，经济管理类和法律等专业性较强的学科也开设专业英语课程，这些专业英语课程的教师大部分都由学科专业教师承担。总体而言，各大高校开设的专业英语课程多以专业选修课的形式出现。而高校开设的专业英语课程并非每个专业都有，有时甚至在同一个系中某一个专业有专业英语课程，而另一个专业就没有专业英语课程。

除专业英语外，各大高校积极推动全英和双语课程建设，鼓励各专业开设全英和双语课程。双语课程或全英课程都是以专业知识为载体，用英文授课的课程，也属于 ESP 的范围。这些课程均由专业学科教师授课，大多以必修课的形式出现。

五、ESP 理论对大学英语教学的启示

ESP 是一个完整的教学体系，它将语言知识与专业知识融合起来，同时它还是一种英语教学的途径，把英语的运用与专业有机结合起来，充分体现英语的工具属性，符合高校教育的培养目标与客观实际。把 ESP 引入大学英语教学中，使高校英语教育事业建立在科学的理论基础之上，对目前的英语教学是一次重大改革。ESP 理论对大学英语教学主要有以下几点启示：

（一）转变大学英语教学观念

大学英语教学要转变教学观念，明确"英语是解决问题的工具"这一理念，使教学

更加实效化和多样化。此外,高校还可以借鉴和引进国内外行之有效的 ESP 教学理论和方法,将 ESP 与我国大学英语教学相融合,围绕培养目标,按照循序渐进的教学规律和"以实用为主,以够用为度,以应用为目的"的教学原则,将整个教学活动从以往的单一"公共基础课"逐步划分为基础英语、实用英语和专业英语三个阶段进行。在教学中,教师要将学习者看成目标情境中的语言用户,而不是课堂上单纯的语言学习者。大学英语教学内容与教学活动要与学生未来的目标岗位群相关,让学生体会到英语是为今后所从事的工作服务的,是解决问题的工具,从而激发学生的学习兴趣和学习动力。

(二)高校师资建设要引起政府和高校的重视

高校教师队伍应具备跨学科的知识,对高校教学目标有全面、深刻的认识,从而为大学英语教学改革的顺利进行提供有力保障。因此,合格 ESP 教师的培养是至关重要的。要想使 ESP 教学获得可持续性发展,政府和高校应高度重视师资建设,根据社会需求对师资培训结构进行整合,尽快建立相关体系或模式来培养 ESP 教师。学生的培养需要各学科的共同参与,因此各高校和研究机构也必须注重加强英语和其他学科间的学习与合作。只有先使教师成为复合型的创新人才,才能培养出创新型的学生。

(三)形成独立的大学英语教学评价标准

目前,我国大学英语教学没有自己独立的评价标准及评价模式,社会对学生英语水平的评价主要以英语四、六级考试的成绩为标准,这样会导致学生对 ESP 课程不感兴趣。ESP 教学的最终目的是使学生在英语语言方面的能力得到认可,因此要确保 ESP 在大学英语教学中的应用,科学的 ESP 教学评价体系的确立要和 ESP 教学同时进行。此外,在大学英语教学体系中建立 ESP 主导的职业类别的英语水平考试也是很有必要的,这有助于增加 ESP 教学在社会上的影响力。ESP 教学是市场需求与大学英语教学的结合点和切入点,大学英语教学既要以学生为中心,提高学生的英语应用能力,使学生从为文凭而学习转变成为提高就业能力而学习,也要努力把英语学习、信息技术和专业知识结合起来,并进行互动式的职业训练,有效地培养高校学生的英语应用能力,从而增强学生的就业竞争力。基于 ESP 理论的大学英语教学改革是一个浩大的工程,需要各方面的大力扶持,也需要合理的规划,制度上的保证,以及政府部门、高校和高校英语教师的共同努力。

六、基于 ESP 理论的大学英语教学模式改革

高校更好地服务于经济社会的发展是其使命所在。高校利用自身的学科、专业、科技、人才、信息和文化优势，服务于经济社会的发展，是其发展的一个显著特征。大学英语教学也必须紧跟时代发展的步伐，不断发现和解决英语教学中存在的种种问题，并在实际英语教学活动中逐步加以解决，以求达到大学英语教学效果的最优化。大学英语教学要为企业和岗位服务，培养学生在今后职业岗位的涉外场合使用英语进行基本的语言交际或实际操作，能够通过英语技能更好地发挥专业技能，真正体现学有所用、学以致用的宗旨。ESP 教学方法实际上就是一个专业与英语结合的方法体系，可以用它来指导我国新大学英语教学体系的构建，改进大学英语教学。高校可以根据学生的专业方向、职业类别以及岗位中英语的使用情况，在英语听、说、读、写、译诸项能力中，有针对性地进行侧重培养；从实用出发，摒弃复杂的语言理论知识，结合专业培养学生的英语交际能力；根据培养目标和业务范围，使知识、能力和素质协调发展。笔者认为，基于 ESP 理论的大学英语教学改革，主要内容如下：

（一）以"需求分析"为基础确定大学英语教学目标

根据 ESP 的以学习为中心的需求分析理论，高校英语课程的开设和教学实施，首先必须对目标需求和学习需求进行分析，确定大学英语教学目标、内容重点，为学生在目标情境中进行职业交流做准备。目标情境需求的分析本质上就是针对目标情境问题，挖掘出学习过程中不同学习者对目标情境的态度。笔者认为，主要可以从以下三个方面入手：

第一，目标情境中必需的知识与技能。这是学生将来用英语进行活动的目标情境的客观需求，也就是说，学生要想成功地在目标情境中运用语言，必须获得这些知识和技能。以商务英语专业为例，学生毕业后要想在商务领域工作，就要掌握英语语言基础知识，如进行商务洽谈、书写商务函电与合同等可能用到的词汇，以及在这些情境中常用的语体、语篇结构等。此外，学生还应具有电子制单、进行网络交易的能力，能进行国际商务谈判，从事涉外商务管理与服务、对外贸易、市场营销等。

第二，学生在目标情境中用语言工作存在的差距。这是指与目标情境中所需的语言

知识与技能相比,学生还缺乏哪些知识与技能,这些缺乏的知识与技能就是学生要学习的主要内容。高校可根据学生的原有水平和课程对学生的要求来设计课程。

第三,学生自身的需要。学生对自身需求的看法也不容忽视,学生的学习目的、学习经历、对英语的态度和文化信息等主观因素是课程设计中的重要部分。学生自身的学习需要有时会与目标情境的需要有冲突,也有可能目标情境的需要并不足以满足学生的需要。在设计课程时,教师要始终以学生为中心,重视学生自身的需要,激发学生的学习动机。高校英语的教学必须考虑学生的需要,摸清学生的语言基础和知识水平,熟悉学生的兴趣爱好和愿望,同时还要了解市场需要,学生将来在目标岗位必然遇到的交际情境、岗位环境和应具备的知识与技能。高校英语的教学应坚持贯彻以实用为主、以够用为度的原则,重视学生基础薄弱的现状,在教学中融入必要的语言基础知识,将培养目标具体化,培养学生在涉外相关工作中的英语听、说、读、写、译的技能,以及借助英语完成目标工作的能力。

(二)针对学生专业选择和编写高校英语教材

教材与教育思想、教学原则、教学方法、学习理论和实践密切相关,是各种教学理论、方法和手段的体现,也是教与学的重要资源和依托,决定了教与学的基本方法,是教学的关键。随着现代科技的飞速发展,学生对学习材料的需求呈现多样性,高校英语教材的形式也变得丰富多彩起来。为了满足学生的多元需求,进一步激发学生的学习热情,高校英语教材应当根据岗位对学生的英语能力水平提出的要求,强化听力和口语教学训练,增强英语作为交流工具的实用性。同时,应协调好基础英语教材和专业英语教材之间在内容上的对应关系,强调英语"听、说、读、写、译"五大技能和专业英语能力的培养,增强英语的实用性。此外,学校还可根据实际情况自主开发教材。

英语与专业相结合是指把英语语言知识,如词汇、语法、听说训练和学生所学的专业结合起来,运用英语这一语言工具来为专业服务。高校英语教材应该以实用为原则,把真正反映岗位需求的英语知识传授给学生,为学生进入工作岗位做准备。

第一,按学生专业选择英语教材。教材作为学习输入的主要信息源,对 ESP 教学的成功与否起着决定性作用。以"需求分析"为基础来选择教材可以减少 ESP 教材选用中存在的随意性和盲目性。对于符合需求的教材,高校还应进一步分析其真实性的含量,确定其是否在目标方面迎合真实的交际需求,是否在选材方面具有真实的交际内容，能否在练习方面提供真实的交际环境和真实的交际任务。根据需求分析理论和真实性原则，高校可根据各个专业不同的教学培养目标和教学要求，围绕学生在未来实际工作中面临的英语涉外业务和活动进行教学，结合学生专业选择教材，考虑不同专业的特色和岗位的特点，选取合适的教学内容。根据专业选择高校英语教材，能避免教学资源的浪费，提高教学效率，落实"以实用为主"的教学原则，同时还充分体现了高校公共英语教学对个性的重视和关怀，能使学生感受到英语学习与岗位就业的相关性，激发学生学习英语的兴趣。

第二，依据职业岗位能力的要求，设立课程模块和选择教材。高校学生英语应用能力的培养是专业导向要求的重点。高校英语教师要认识到高校人才培养的职业性，根据社会对所教专业学生的英语运用能力的实际需求，有选择地使用英语教材，强化学生的英语职业技能。例如：文秘专业的学生在将来的职业岗位中，主要通过面对面、电话、网络等途径与客户进行口语交流，因此要侧重英语听、说能力的训练；而模具专业的学生更多的是接触有关产品说明书、技术指导、维修指南等书面文字，因此要着重培养学生的业务资料阅读能力和翻译能力。

课程内容的更新、整合与新课程的开发，需要紧密结合社会、经济、科技的发展，依据不同教育对象的教学目标进行。课程结构就是课程的组织与流程，能够反映教学的框架与进程。例如，旅游专业的英语教学工作可根据培养目标与基本要求设置课程，力求从旅游英语方面来提高学生的英语水平，并根据旅游专业实践性强的特点，将旅游英语课程设计为两个模块：基础英语模块和旅游英语模块。基础英语模块以必需和够用为度，突出内容的针对性和应用性，注重探索以能力为基础构成的知识体系。国内外旅游英语教材大多存在一定的局限性。因此，在教材选择上，可采取以一本权威教材为主，以几本有特色的教材为辅，同时充分利用专业网站资源的方法。同时，在授课过程中，教师还可插入关于中国传统文化的介绍。旅游本身就是重要的跨文化交际活动，因此旅游专业英语教师应该充分重视通过多种教学手段培养学生用英语向国外游客介绍中国古老的历史文化和美丽的自然风光的能力，拓宽学生的知识面，培养学生的应用能力、实践能力和创新能力。

第三，师生、企业共同参与编写教材。为了突出高校教育人才培养的针对性和实用性的特点，高校英语教师可以根据专业课程的特点，用社会调查和职业岗位分析等形式，获取专业岗位所需的英语知识结构和应用能力要求，有针对性地编写具有本校特色的英语教材和配套辅助教材。高校应注意：自编教材应适合学生的英语水平，能够满足学生的真实需求。英语教师要阅读一些具有普及性的专业书籍，并借阅学生的专业教材与笔记，对学生的专业学习有一定了解。英语教师也可向专业教师和相关行业从业人员咨询，了解从事相关行业必须掌握的知识，并征求他们对学生 ESP 学习的目标、内容等方面的意见。此外，教师还可与已毕业的往届学生沟通，了解工作中实用的英语知识，关注职场信息，用相关人才招聘在英语素质上的要求来指导 ESP 教学的内容与方向。专业要紧密结合人才市场的最新走向，这需要教师深入实践一线，收集教学素材，编写切合社会实际需要的讲义。现在有些高等院校实行"教师下企业"制度，在无形中促进了企业和学校的进一步融合，也促进了教材的完善和发展。

企业专业人才也可参与编写教材。可以聘请企业专业人才参与编写英语教材，选择与专业相关的各种题材的语篇，包括目标岗位常用的一些说明书、技术合同、技术图纸。此外，企业自编的一些专业词汇表等都可作为教材的补充成分。高校可根据某一行业内企业的实际情况、产业结构和产品结构等对教学内容进行增补、更新和完善。企业专业人才可对教材提出合理的修改意见和建议，确定学生必须掌握的英语技能是与生产实际相符合的，使教学内容能灵活地适应新理念、新技术等，以保证学生学到实用的知识和技能。

学生也可参与校本教材的开发与应用。让学生参与 ESP 校本教材的开发与应用，有助于调动学生的自主性，激发学生的责任心，从而使 ESP 的内容更具针对性和实用性。教师可带领学生进行社会需求和职业岗位调研，分析从事岗位（群）工作所必需的专项能力，同时还可鼓励学生参与 ESP 校本教材大纲的确定、教学内容的筛选、校本素材的搜集整理与加工、校本教材的应用与考核等。教师、学生群体、学校资源与校外行业资源之间要进行全方位的合作。教师可让学生通过专业课程学习、业余兼职、媒体网络或其他途径搜集有关 ESP 方面的材料，尤其是已毕业学生在工作中应用到的产品及技术方面的英语素材，并让学生讨论、汇总本专业 ESP 学习的范围与内容。在综合多方信息的基础上，师生共同讨论、确定教材的内容范围，并依据学生专业学习的顺序划出不同章节。带领学生搜集、整理、编辑 ESP 教材的过程是提高英语教师专业业务能力的有效途径。

同时，高校还可以发挥现代信息技术的强大功能，建立公共网页平台，开设电子公告栏，方便其他专业教师、往届毕业生、行业从业人员参与编写教材。另外，对 ESP 教材的试用过程，也是对 ESP 教材不断进行完善的过程。在实际教学中，还需给更新、更实用的素材留有补充空间，以替换某些相对落后的内容，使 ESP 教材处于动态的完善过程中。

（三）校内校外实训结合，提高学生的英语实践运用能力

语言学的研究表明，语言能力必须通过语言行为才能得到不断强化。高校在突出应用教学特色的过程中，强调专业教学要进行实践训练，组织学生经常使用自己的技能，积极参与课堂活动，从而提高高校毕业生就业率。大学英语教学作为职业技能和素质培养课程，在教学改革过程中也应当改变"重理论，轻实践"的倾向，将校内实训教学与校外实训结合起来，从而提高学生的英语实践运用能力。

（四）建立科学合理的评价与考核体系

改善大学英语教学效果，提高学生在就业中的适应性，不仅体现在考试分数的高低上，更重要的是体现在学生对实际操作技能的掌握和社会对高校毕业生英语应用能力的认可程度上。因此，高校应该重视学生对英语知识和技能的应用能力，对学生学习成绩的考核要从单一的卷面测试逐步转向英语应用能力的全面考核上来，实现多元化英语就业能力考评办法，打破传统的以笔试定输赢的局面，强调笔头功夫和嘴上功夫齐抓共管，听、说、读、写、译综合考评，使学生更注重自己的语言应用能力，摆脱应试学习模式。英语课程可以借鉴其他课程的考核形式，如设计形式、实训形式、技能考核等多种考核方式，全面考核学生的综合素质，这样可以真实地反映每一名学生掌握技能的程度和学习效果，以提高教学质量。

1.针对英语基础知识和应用能力进行考核

目前，高校英语学科考核的主要形式是期末闭卷考试。平时成绩包括学生平时出勤分、课堂表现分、单词听写分、平时作业分等。素质教育考核的内容应包括语言知识、语言技能、学习态度、学习策略和学习习惯等多个方面，避免纯知识性的考核。高校英语的考核模式应更加多样，除了期末卷面成绩，教师更应在平日从多角度对学生进行考核。

除了基础知识考核，还应进行应用能力考核，考查学生对英语各项应用能力的学习掌握情况，根据教学进程需要不定期进行专项能力考试，可采用朗读、对话、表演、口

译、讨论、竞赛等形式。此外,考核也可以灵活地穿插在课堂教学过程中进行,随时记分。例如,听力测试可以安排在每堂课的前10分钟,教师给学生播放一段事先准备好的短文或者对话,学生完成相应的填空或选择题,然后教师利用语言学习系统将成绩统计出来,期末时再计算出每人的学期听力平均成绩,按一定比例纳入考核总分。

高校学生最重视的口语考核可以分成两部分:课堂参与和期末口试。课堂参与的形式包括回答问题、参与课堂讨论、朗诵和背诵教师精心挑选的文章段落等。阅读考核除课本上的内容外,还可以给学生挑选一些题材广泛、知识性和趣味性兼顾的文章,让学生进行泛读。写作考核主要以平时作业的形式进行,教师可以根据课堂教学内容或课外精选的主题让学生进行写作练习,批改学生上交的作业,还可以鼓励学生自愿写作,如上交英语周记、英语海报、通知、便条、个人简历等,根据内容和次数酌情给分。教师也可以建立学生平时考核档案,并对其进行核查、保存,将其作为本门课程考核的一部分。此外,对于学生参加的各种校内外英语听说技能竞赛,教师可以按成绩分档次,将成绩记入教学考评,在期末时进行总结,按百分比进行期末总评。

2.结合专业特色和目标岗位需求进行考核

根据学生专业对英语听、说、读、写、译能力的侧重点不同,适当调整对各项应用能力的考核标准,重点培养该岗位群所需的英语技能。英语教师应该经常结合专业特色和岗位需求进行一些专项训练,如选择一些产品说明书、业务信函、广告、器械操作流程说明,让学生进行讲解、场景模拟、角色扮演等,以全面考查学生的英语综合水平。此外,教师还可让学生在为 ESP 教学检测而设的试题库中随机抽取一份英文材料,并对学生进行模拟操作的模式进行考核,将"学、用、考"三者更紧密地结合起来,这一方式充分体现了高校 ESP 教学的应用性原则。教师可依据考核结果对学生进行奖惩和对英语教学进行相应调整。

在学生实训过程中,企业和学校对学生英语技能和实际操作中的表现要作出多方面的评价。教师在学期总评时,将评价结果按一定比例归入学生能力考核成绩。例如,可以根据企业岗位的英语能力要求组织考试,对学生进行考核,突出实用性,强调英语应用能力,帮助学生更好地发现自身的不足,促使学生更加努力地学习,提高学生在没有外部协助的情况下通过自主学习或团队合作解决预设岗位中实际作业问题的能力,以及学生的就业竞争力。这种校企共同参与培养英语应用能力实践的考核办法,最能体现 ESP 理论指导下大学英语教学的定向性、适应性。这一评价结果是高校生就业、上岗前展示英语应用能力水平的有力说明。

3.结合英语等级证书和职业英语技能证书进行考核

根据高校教育培养目标培养学生的实际运用能力是大学英语教学的重点。因此,教师和学生必须适应市场需求,遵循就业导向,按照"实用、够用"的教学标准,处理好等级考试与英语技能学习之间的关系,丰富英语等级考试的对象。高校普遍把英语应用能力考试三级或 B 级作为主要考核标准。英语应用能力等级证是缺乏社会工作经验的学生说明自身英语技能的最好证明,但是英语应用能力考试只是英语学习的一种考核方式,教师可以将分数作为课程的终结性成绩计入学分。学生如果能在完成该课程前取得英语等级证书,证明其英语能力符合社会要求,就可以提前结束课程学习。

各个行业的职业英语技能证书具有行业的独特性和适应性,这些职业英语技能考试也是对高校生职业技能和职业能力的鉴定性考试。学生如果就业时持有一份职业英语技能证书会更有专业性和说服力。因此,在高校公共英语教学中,学生根据所学专业取得相应的职业英语技能证书,如通过 BEC(剑桥商务英语)等级考试等,也可视同该课程合格。另外,应积极鼓励学生继续提高英语听、说、读、写、译等方面的能力,让学生的英语学习向高层面发展,并对学生取得的成绩予以奖励,这样能极大地激发学生学习的动力,有助于培养更高层次的英语技能人才。

(五)联合学校与企业加强师资力量的建设

高校教育要紧贴社会的需求,因此高校教师需要不断学习来适应社会的迅猛发展。高校应每学年抽出一定的时间,建立个性化、终身化的培养体系,对教师进行英语教学改革、教学内容、教学方式、专业英语等方面的培训,针对各个专业,以满足不同专业教师的培训需求,促进每位教师的成长,从根本上提高教师的教学水平和教学质量。教师要及时更新教学理念,调整教学方法,这样才能够提高课堂的教学质量。高校英语教师不仅要讲授英语的基础知识、关键点、难点,还要学习专业知识,以适应英语课程改革的需要。只有一专多能的教师才能培养出一专多能的学生,才能保证教学目的的顺利实现和教学质量的不断提高。目前,高校真正的"双师型"英语专业教师非常缺乏。学历高、职称高、专业知识丰富的人才很少愿意放弃本专业工作而从事教育工作,可以采取以下两种办法来加强高校英语师资力量:

1. 大力培养双师型教师

高校英语教师必须首先工学结合，掌握专业知识，积累专业从业经验，才能使该专业实现工学结合，让学生领略到工学结合的魅力和重要性。这就要求英语教师深入生产第一线，熟悉某一专业（如国际贸易、旅游、数控、机械等专业）的生产现场、工作流程等，最大限度提高自身的实践技能，以符合高校应用型技术人才培养目标对教师的要求。外语系要充分依靠自己的力量，利用他方的资源，建立适合本系的复合型人才培养要求的师资队伍；就地取材，创造条件对现有的教师进行培训，选拔一批语言基本功扎实、工作认真负责的英语教师，或派出进修学习，或到各个专业跟班听课，鼓励教师考取职业资格证书等，提高专业英语教师的"双师"素质，从而培养一批具有一定专业知识的英语教师。

多层次的培训对教师提高学历，更新知识，提高专业理论水平、业务能力起到重要作用。例如，经贸专业的英语教师承担着外经贸英语函电、外经贸应用文写作、外经贸业务洽谈等课程的教学工作，可以利用网络资源，将有关学科的最新信息下载、编辑，制成讲义，丰富课程内容。此外，高校还可与企业进行合作，创建实践、实习基地，挂靠企业落实实践教学，让教师有机会到企业参观、实践，参与企业的经营管理等。学校应积极鼓励教师去企业挂职锻炼，承担科研项目，参与技术革新与改造，同时积极鼓励教师参加教学改革等工作，以多种形式和手段促使教师提高业务和教学水平。教师在带队实习和参与企业的科研攻关等活动的过程中可以及时发现学校教育中的偏差，从而调整课程设置和教学安排，以增强学生对毕业所从事岗位的适应性。

2. 积极引进企业优秀人才

在招聘富有实践经验的专职英语教师的同时，从企业、涉外行业聘用兼职英语教师，也是一项改善高校英语教师队伍构成的重要举措。高校还可积极聘请专家、学者和具有丰富经验的企业家当兼职教师，或到企业中聘请高级商务人员和管理人员担当学校的客座讲师、教授，以解决师资紧缺的问题。高校可以聘请知名企业高层管理人员来学院讲课。此外，由于行业竞争激烈，许多具有良好英语应用才能的企业界人士面临着重新择业的局面，高校对他们来说也具有一定的吸引力。高校可以从行业引进英语水平高、有工作经验的人才加入英语教师队伍，以改变目前教师的知识结构、学历结构，纠正重理论、轻实践的错误倾向。

第四章　大学英语听说教学实践

第一节　"听"的技能培养

　　语法翻译法是用母语翻译教授外语书面语的一种传统外语教学法,即用语法讲解加翻译练习的方式来教授外语的方法。我国传统外语教学多用此法,此法重读写、轻听说,培养出来的外语人才大多既听不懂也不会说所学语言。20世纪五六十年代,英、美盛行情境法和听说法,但仍不太重视听力教学。听力被看作想当然的事,它与阅读一起被视为一种被动技能。但在过去的几十年里,听力逐渐引起了教学专家们的注意。20世纪60年代中期,威尔格·里韦尔斯(Wilga M. Rivers)等率先意识到听力理解的重要性。里韦尔斯指出,说本身并不构成交际,除非所说的话被另一个人理解,因此要达到交际的目的,对言语的理解是至关重要的。

　　在现实语言交际中,听和说是非常重要的交际形式。人们交流思想、互相传递信息都离不开听和说。在当今社会,国际交流与沟通日趋频繁,掌握一定的英语听说技能对大学生来讲非常重要。此外,具有一定的听和说的能力,还可以激发高校学生的学习兴趣,使其树立良好的学习信念,为其深入学习打下良好的基础。

　　如何改进听力教学,提高教学效率,使学生的听力达到所要求的水平,是受到普遍关注的一个课题。

一、重视语音基础能力的训练

　　语音能力指运用正确的语音、语调、语速表情达意的能力。语言表达能力是现代人才必备的基本素质之一。在现代社会,由于经济社会的迅猛发展,人们之间的交往日益频繁,语言表达能力的重要性也日益增加,好口才被认为是现代人应具有的必备能力。

作为现代人，我们不仅要有新的思想和见解，还要在别人面前很好地表达出来；不仅要通过自己的行为为社会作出贡献，还要用自己的语言去感染、说服别人。就职业而言，现代社会各行各业的人都需要口才。对政治家和外交家来说，口齿伶俐、能言善辩是基本的素质；商业工作者推销商品、招徕顾客，企业家经营管理企业，都需要口才。在人们的日常交往中，具有口才天赋的人能把平淡的话题讲得非常吸引人，而口才不好的人就算话题内容很好，人们听起来也是索然无味。有些建议，口才好的人一说就通过了，而口才不好的人即使说很多次还是无法获得通过。

语音是构成口头与听觉交际的基本成分。从语音学角度来说，语音包括发音、声调、连读、意群与语流等内容。听的能力是以语音知识为基础的，如果说阅读理解能力取决于词汇量的多少，那么听力理解能力就取决于语音基础知识的多少。可以说，语音基础知识是听力理解能力的基础。

对于刚刚步入大学的学生来说，他们在中学期间接受语音训练的机会不多，不少人还存在发音不准、辨音和读音困难等问题。因此，为了使他们尽快适应大学英语听力教学，打下扎实的语音基础就显得尤为重要。在听力教学中，培养学生的语音基础能力必须有计划、有目的地进行，应始终结合教材，有计划、有规律、有意识地训练学生的基本听力技能——辨音能力。辨音能力是指辨别音素、重音和语调这些语言的特征以及将语音词语和语法结构联系起来进行理解的能力。

英语中有些非重读词（主要为助动词、系动词、介词、连词、冠词和人称代词等）有两种读音形式：强读和弱读。

句子中的实义词（名词、实义动词、数词等）通常是句子的关键词，表明重要信息，应该重读。例如，在"You have finished the job."一句中，finished 和 job 一般重读。有时，为表达特定的含义，会把重读放在本不该重读的词上。上一句话若把重音放在 have 上，则含有说话人未料到"你"已完成了工作的意思。

英语中的介词、冠词、连词等虚词多有两种读音：一种为强读形式，用于单念和连贯言语；另一种为弱读形式，用于言语的轻读。轻读表现在元音的弱化上，英语中语气越随便，语流越快，弱化现象越频繁，也就越难懂。有些单词，如介词、连词、冠词、代词、助动词等在句中一般弱读，但偶尔为了特殊需要也重读。

二、重视听力微技能训练

所谓技能，一般指通过学习和实践所掌握的某种能力。外语听力技能具体是指学生经过学习与操练培养而成的听懂外语的能力。然而这个定义似乎过于笼统，无法使人清晰地了解听力技能的内涵，也不足以将听力与其他语言技能（如阅读）有效区分开来。但是，实际上从现有文献中也很难找到一个能够为各方接受的定义。在有关英语听力的研究文献中，有些学者对 abilities（能力）、knowledge（知识）、skills（技能）、processes（过程）和 levels of processing（处理层面）等术语并不严格加以区分，而是常常互换使用。另外一些研究者认为，这些术语存在明显差异，不能混为一谈。分歧的根源在于，听力理解本身是一项十分复杂的认知活动，涉及语言的、副语言的，甚至非语言的多种因素。因此，要下一个既简明扼要又具有充分说服力的定义绝非易事。即使像上文那样提供一个笼统的定义，对外语听力教学和测试等活动也未必能有多少实际价值。这也许就是为何很多研究者并不满足于简单地为听力技能下一个定义，而是着重深入分析其构成要素，即着力探究听力（理解）的微技能，从而使研究成果能对外语听力教学活动具有更大的实践意义的原因。听是一个完全的实时进程，它要求听者必须在一定时间内，对所听到的内容作出迅速反应，从而正确理解和有效记忆。显然，听的能力不仅与听的技巧及其熟练程度有关，而且与听者的语言能力、文化知识以及思维能力等因素有着不可分割的内在联系。在听的过程中，任何一个微小的环节出现障碍，如词汇、语音、背景知识不足，以及注意力的不集中等，都会影响听者对段落或篇章内容的理解。因此，对于语言学习者来说，要做到在有限时间内准确理解说话人的意思，确实是一项具有相当难度的任务。

在听力教学过程中，教师应十分注意听力微技能的训练。英国语言学家约翰·芒比（John Munby）指出："各种交际需要的外部表现还必须理解为具体语言技能、语言功能和语言形式的表现。因为这些语言微技能对于实际的现实是必不可少的。"就听力交际而言，理解有声语言的交际过程可能是估计、猜测、预期、推断、想象等技能在积极地相互作用。因此，我们所具备的听力理解能力也必须是由各种听力微技能所组成的。要提高学生的听力理解能力并非单一强调多听，而应该针对听力实时性强的特点，重视"怎样听"这一环节。换言之，就是学生只有掌握听力中的各种微技能，才能从总体上提高听力。那么，如何使学生养成良好的听音习惯，使其灵活掌握与运用各种微技能来提高听力理解能力就是我们面临的一个重要课题。在教学实践中，我们强调"怎样听"这一教学环节，重点培养学生的听力微技能。

（一）培养学生养成良好的听前心理准备习惯

听前心理准备是很重要的。学生听前的心理因素和精神状态对听懂一篇短文或一段对话有着重要影响。较为有效的方法就是采用预示的方法，给学生指引一个方向，使其注意力集中。教师可以通过提问的方法，激发学生想象的火花，挖掘他们的潜能，诱发他们听的欲望。听前心理准备，实际上就是培养学生猜测和预料的能力。有些心理学家认为，人们做任何事情前都应做好心理上的准备。学生在听音时更是如此，如果学生在缺少听前心理准备的情况下无目的地去听一篇内容陌生的材料，其结果往往是不太理想的。

听前心理准备是听力教学中最快捷有效的方法。它通过借题发挥，激发学生积极向上的心理状态和主动参与的欲望，同时通过一定的练习形式，如通过预先提问，或者让学生浏览听力材料所设定的选择题，启发学生预测听音材料的内容。教学实践证明，这种方法完全符合语言交际的本质。这么说是因为学生能够根据所提供的信息，预测出所听内容的范围以及听音后要提出的问题，做到心中有数、有的放矢，从而快速灵活地理解所听材料的大意，对深层内涵进行把握。

例如，在以"My Husband's Wonderful"为题的对话中，其中一个问题选项是这样设计的：

A. Taking a walk in the street.

B. Boasting about their husband.

C. Talking about their family.

D. Eating at a restaurant.

在浏览完选项后，多数学生对选项 B 中"boast"一词不熟悉，故不知如何回答问题"What are Jane and Sally doing?"。这时教师可引导学生回到对话标题，先提出几个具有启发性的问题，引导学生对对话内容进行预测。例如：

T (Teacher): What are the two ladies talking about?

S (Students): They are talking about their husbands.

T: Are they speaking well or speaking ill of them?

S: They are speaking well of them.

T: Yes, they are boasting of them. So "boast" means...?

S: Speak well of somebody.

教师充分运用预先提问的引导方式，使学生在心理上有了充分准备，学生的猜译能力随之提高，选题的正确率自然也就提高了。

（二）采用全面听的方法

教师可注重培养学生听主题思想，带着问题有目的地听，辨认有关点、舍弃无关点的能力，进行复合式听力训练，旨在训练学生听的能力、拼写能力、记笔记能力和书面表达能力。在听第一遍时，引导学生抓材料的中心大意，向学生提出几个理解性问题，检查学生对听力材料的理解程度。例如，在"The City to Surf"这篇有一定难度的听力材料中，教师不妨从主题入手，充分利用课本上的插图，启发学生根据图示所标方向，找出 Sydney and Bondi 的路线，回答材料中的听力理解问题"What kind of sport is the city to Surf?"。在听第二遍时，应引导学生边听边对一些带有信息词（如地点、气候、日期等）的基本问题做快速笔录，摘取所需信息，促进有效记忆，为听后理解练习做好准备。第三遍听音，是听力理解训练的深化阶段。这一阶段的主要目的是使学生从语篇角度理解整篇听力材料，能回答"What does the passage tell us essentially?"之类的问题。因为有了听前心理准备，听过两遍录音之后，学生在回答语篇理解性的问题时就比较得心应手了。由此可见，各层次有准备和有目的的听力教学有助于学生掌握听力训练的方法，从而掌握听力技能。

三、重视情感因素的培养

对学生而言，课堂是教学活动的主要场所，教师是录音与学生之间的桥梁。因此，在授课过程中，教师不仅要让学生掌握整篇听力材料的中心内容，随时了解学生对所听内容的反应，还要重视情感因素对听力教学的影响。听力课授课课时少，多数学校都安排每周一学时，课堂上教师把大部分时间都用在学生与听力材料的接触上，教师参与的机会甚少，加之在语言实验室上课，教师位于控制台前，学生坐在隔离座位上，教师通过耳机教学，这一固定的教学模式极大地限制了教师授课时的必要表情和动作，客观造成了教师与学生之间空间和情感上的距离。这种机械式的教学模式，使教师无形中成了"按键人"，也使课堂气氛沉闷，学生丧失学习兴趣，甚至产生厌倦心理，到课人数也随之减少。

心理学研究表明，智力活动的最佳情绪背景是兴趣和愉快相互作用，良好的心理和精神状态有助于提高听力教学效率。因此，针对听力教学这一特点，重视情感因素对听力教学的影响是很有必要的。教师不仅要给学生创造良好的课堂环境，而且必须认识到课堂气氛、情感意志等非智力因素对提高听力教学效果的重要作用，充分调动学生的全部生理和心理因素，使其处于积极向上的状态，积极主动地参与课堂活动，愉快地感知录音材料，思想既高度集中，情绪又不过于紧张。有了学生主动积极的投入，听力教学的其他难题往往也会迎刃而解。

（一）调节学生情绪，调动学生的积极性

在传统的听力课上，许多学生常常处于一种紧张状态，充满焦虑，缺乏自信，无法集中注意力，有的学生甚至一进语音室就感到紧张，而一下课则如释重负。这样的心理状态直接导致学生的学习积极性受到抑制。因此，在听力教学中，教师首先要帮助学生解除心理上的负担，调整其心理状态，使其积极主动地投入听力学习中。教师所面临的首要任务就是营造轻松和谐的学习氛围，缓解学生的焦虑情绪，将学生对外语学习的情感因素和积极性充分调动起来。教师要帮助学生树立自信心，这是提高听力水平的重要保证。罗杰斯指出，自信是一种积极、肯定又切合实际的自我评价，人们往往是通过别人对自己的态度和评价来感知自己，然后作出相应的自我评价的。要用发展的眼光看待学生。成功的教学依赖真诚的理解和彼此信任的师生关系。在听力教学中，教师应该正确评价并多鼓励学生，以使其更加自信，体会到成功的喜悦。如果听者充满信心，轻松、愉快地听，其思维就会比较活跃，也能最大限度地发挥自己的听力水平，具有较强的积极性和主动性，形成良性循环。

无情感地被动学习，学生即使有良好的学习潜能，学习的积极性也不会被调动起来。对此，教师应根据不同学生的特点采取不同的方法，调动其积极性，使他们接受教师的引导与课型安排，并通过亲切的话语、鼓励的眼神、生动的体态语言、整洁得体的仪表等使他们产生信任感。

情感是调动学生学习积极性的重要因素。要想使学生愿意并自觉接受教师授课的内容，教师就要与学生加强情感上的沟通。如果教师对此注意不够，所传授的知识就可能被学生抵触的心理屏障挡回。毕竟在现实生活中，很多学生喜欢哪位教师就会喜欢哪位教师所授的课。教师还应该用行动为学生树立榜样，以自己的人格魅力赢得学生的信赖，从而在教学中产生一种号召力，更好地调动学生学习的主动性和积极性。教师要重视培养和不断激发学生的自信心、内在动力，促使学生对外语听力学习保持持久而浓厚的兴趣。教学方法和学生的成就感对学生的内在学习动机影响很大，这就要求教师选用恰当的教学方法，从而激发学生的学习兴趣，使其积极主动地学习。

例如，当学生步入语言实验室时，他们通常刚刚结束其他学科的学习，由于各方面因素的影响，心理状态尚未稳定，注意力往往难以集中。这时，教师不宜马上开始上课，可播放一些趣味性较强的听力材料，如轻松悦耳的音乐、英文歌曲或幽默故事等，以缓解学生的紧张情绪，使他们以轻松畅快的心情开始听力训练。这一做法有助于集中学生的学习注意力，激发他们的学习兴趣，有效调动他们学习的主动性和积极性。

（二）抓住下课前的十分钟

心理学家认为，兴趣是能量的调节者。它可以使困难容易解决，并能减少疲劳。在教学中不难看到，学生感兴趣时，思维就会比较活跃，记忆效果也会更好。良好的结尾也是成功的一半，所以教师还应当抓住下课前的十分钟。大多数学生经过一段时间精神过度集中后，在下课前几分钟会感到焦躁不安，尤其是上午第四节课和下午第七节课更是如此。这段时间教师不宜安排篇幅过长的听力材料，而要根据教材或课外材料，有选择地将短小精悍和轻松愉快的听力材料，或者适当调整听力材料的顺序，在课堂中先让学生听较难的材料，最后听趣味性较强或较短的材料。总之，下课前的十分钟，学生听的录音材料篇幅不宜过长，难度不宜过大，以缓解学生的紧张情绪，帮助学生消除疲劳，使不同程度的学生都有所收获，帮助他们为上好下一次听力课树立信心。

当然，在具体的教学过程中，对于不同水平、不同个性的授课对象，教师应采用灵活多样的听和练的方式，力求使学生对听力课感兴趣，激发他们学习的积极性和主动性，达到听力课的最佳效果。

四、以阅读促听力

　　学生在听英语材料的过程中常遇到的问题有：关键性的生词会妨碍对句子乃至段落的理解；多种不同语法结构的存在会造成思维与语速不协调，影响对句子或语篇的理解。这两个问题都可以通过阅读来解决。因为阅读和听力理解实质上都是一种由速度、记忆、判断、概括和理解等紧密联系在一起的综合能力，两者所遵循的思维方式基本是一致的。阅读可扩大学生的词汇量，加深其对词义、语法现象的理解和记忆，拓宽其知识面，有利于其对材料深层次的理解，还可培养其思维、理解、概括能力，从而提高其理解的速度，增强理解的准确性。学生读得越多，单词复现率越高，他们对常用单词就会越熟悉，在听时就可以免去把英语译成汉语再进行理解这一心译过程，直接去领会理解所听材料的内容。阅读速度的提高能促进思维节奏的加快，使学生在听时能跟上正常读速。泛读、速读等阅读形式有利于提高学生的听力水平，教师在训练中要注意扩大学生的词汇量，训练学生的语言转换能力。学生在阅读时要注意自己的阅读速度，不要频繁查词典，影响思维的进程。教师在选择阅读材料时，要注意与听力材料深浅程度保持一致。另外，阅读是一种主要的语言输入来源，它不但增加了学生接触语言的机会，还加深了学生对英语国家的文化知识、社会背景等的了解，有助于学生丰富知识、培养语感、了解英美文化及篇章结构、调整思维方式、提高听力水平。阅读量越大，学生的英语整体水平就越高，听力水平也会随之提升。

五、精听与泛听相结合

　　在听力训练中，既要能准确无误地听出某些重要的数据、年代、人名、地名等，又要兼顾大意，这就要求精听和泛听相结合，交替练习。精听练习不仅能够提高学生的听力水平，还有助于学生学习词汇和语法。在精听时，学生要对听力材料中的音素、单词、句子、段落等精听、细听、反复地听。在精听时，学生要注意抓住数字、地名、方向、人名、日期、年龄等关键信息，可用缩写或自己明白的符号记录有关信息。泛听主要是抓大意，不需要纠缠于细节。一个词、一个短语，甚至一个句子听不懂没关系，只要不影响对整体文章的理解，能了解内容的大意即可。在泛听训练过程中，学生的积极性很高。大多数学生认为泛听不仅开阔了视野，还扩大了词汇量。

精听就是要反复听，把每个词都听准，然后进行听写或概括总结等。遗憾的是，由于课时、设备等多方面的限制，精听常常被人们忽略。很多人认为听写很枯燥，其实听写的形式也很多样，可以是词汇词组听写、完成句子式听写、填写表格式听写、回答问题式听写、完整的句子听写、复合式听写以及短文听写等，这些听写形式对短期内增加听力词汇量极为有效。泛听就是听取大意，获取信息点，不一定要全部听懂。泛听在考试和生活中较常使用。要打下坚实的听力基础，最好是精听与泛听相结合，这样更有利于查漏补缺。

怎样指导学生进行课外泛听？听力课时有限，每周一节的听力课不能保证学生听力技能水平的有效提高。教师应指导学生在课外收听英语广播、观看英文电视节目、欣赏英文录像、听英文歌曲等，使学生熟悉不同口音、性别、年龄的人的读音，拓宽知识面，培养语感，增强反应能力，达到提高听力的目的。

总之，在具体的教学过程中，对于不同水平的学生，教师可采用灵活多样的听和练的方式，力求使课堂教学生动活泼，从而激发学生学习的积极性和主动性。

教学实践表明，作为一名听力课教师，要想取得比较完美的教学效果，努力营造良好的课堂氛围，并根据授课特点灵活运用教学技巧，不断完善教学方法是十分必要的。要做到这一点，不仅需要教师自身掌握较高的授课艺术，掌握丰富的教学方法和技巧，更需要教师有崇高的献身于教育事业的决心、对学生的爱心以及永不满足的进取精神。

六、利用现代科学技术提高学生的听力兴趣

教师应充分利用丰富的网络资源为学生创造一个真实的语言学习环境。语言学习需要一定的环境，但在传统的英语听力课堂教学中，教学手段单一，教学设备陈旧、落后，而且受教学条件所限，难以给学生创造一个真实的语言环境。因此，提高学生的听说能力相对比较困难。而在新型的外语教学中，教师可借助丰富的多媒体网络资源，通过多种形式，如播放原版影片，给学生提供听自然口语的机会，可以使听力教学更具吸引力与趣味性。这在一定程度上解决了高校口语听力课每周课时数不足的问题，而且弥补了口语听力课的不足，为学生提供了一个接触自然语言的机会。原版影片中涉及的文化背

景知识拓宽了学生的眼界,使学生了解到在语言的理解与交际中广博的背景知识的重要性,也使普通的语言课变成了令人快乐和富有成效的活动。

第二节 大学英语复式听力教学

一、听力教学存在的问题

在外语教学历史上,听力教学逐渐受到重视。如何有效利用课堂有限时间,以达到教学最佳效果,可谓仁者见仁,智者见智。教学实践证明,在听力教学中,设计多层次、有目的性和针对性的多次听力训练是提高学生听力水平行之有效的教学方法,也是提高听力教学质量的重要手段。

大学英语听力课课时少、任务重,要在有限的课时内培养学生的听力技能,难度不言而喻。听力课的课时是明文规定的,如果没有外界可变因素,各个学校一般不会轻易改变。所以,大学英语听力教学要在教与学两个方面找原因,即找出并解决学生自身和教师教学之间存在的矛盾。

在多年的英语听力教学实践中,有两个主要问题导致教学效率不高:一是大学英语学生的实际英语水平有限,学习兴趣不稳定;二是教学缺少针对性。要想解决这两个问题,就要协调好两者之间的关系,采取有效措施,从各个层面提高学生的实际水平,激发他们的学习热情,对症下药,有的放矢,提高教学效率。

近年来,随着全国大学英语教学改革的深入发展、各层次英语教学的进步与完善,以及国际交流的日趋频繁,学生的英语水平已有所提高,学习热情也日益高涨。这种现象在全国高校越来越普遍。因此,上述第一个问题已经基本得到解决,而第二个问题则成了要重点解决的问题。

根据实践与调查研究,要想提高教学效率,就要做好多方面的工作。在听力教学方面,存在的首要问题是学生的语篇理解能力较差,在听短文或较长的对话时思维理解跟不上语速。在教学实践中,不少教师发现,学生认为听辨语音、单句及简短对话等的难

度并不高,最难的是短文听力或长对话听力。究其原因,主要有以下几个:

第一,学生缺少听前的心理准备,经常无目的地听,其结果往往不甚理想。

第二,不良听力习惯的影响。目前,很多学生在听音时养成了一些不良习惯。比如,有些学生边听边翻译成汉语,一碰到听不懂的词,就停下来查词典,结果是前面的没弄懂,后面的也没听清,无法理解整篇材料。而且,多数学生在听录音时存在一种心理状态——力求听懂每个单词、每句话。他们往往对听力材料中每个单词、每句话给予同等的注意,事实上这是没有必要的。

第三,学生缺少正确的听力方法引导和听力技能训练。解决学生在听力理解方面的问题的根本是引导学生用正确的方法进行听力技能训练。

二、复式听力教学的运用

所谓复式听力教学,是指运用多层次的"一文多听"或"一话多听"的方法。"一话"指一段较长而完整的对话,并非指一句话。应根据不同层次的要求,由小到大、由部分到整体、由表层到深层地培养学生的语篇听力理解能力。具体而言,就是培养学生对听力材料的分析、归纳、综合及推断能力,帮助其纠正过分注重单词、句义理解而束缚思维活动的不良听力习惯,使其养成良好的语篇理解习惯,从而达到快速理解所听材料的主旨及把握深层内涵的效果。在大学英语教学中运用复式听力教学,可按照以下操作程序进行:

(一)听前心理准备阶段

大学英语听力课时有限,只有充分调动学生的生理和心理因素,使其处于一种积极向上的状态,积极参与课堂活动,思想高度集中而又愉快地感知录音材料,才能提高课堂效率,逐步克服听力障碍。由此可知,学生听前的心理因素和精神状态都是极其重要的。

听前心理准备的方式很多。在听力课上最快捷、最有效的方法是预示。在正式听音前,教师可采用预示的方法借题发挥,即预先向学生问些与听力材料有关的问题,激发其想象力,使其集中注意力,从而具有一种积极向上的心理状态。教师还可通过一定的练习形式和有针对性的问题，引导学生有目的地听。实践表明，这种方法完全符合语言交际的本质。

根据杰里米·哈默（Jeremy Harmer）的论述，交际的本质是由于交际者双方之间有一条信息沟，交际双方都有兴趣和要求填补这一沟壑，于是双方采用特定的语言进行沟通，以填补这一沟壑。除了语言因素，交际双方有一个共同特征，即他们都有交际动机和兴趣。这一特征以信息沟为基础构成了交际的一大准则。因此，听力教学要体现语言客观规律，首先要符合这一原则。

预示的方法就是"借题发挥"，即向学生发问，激发其想象力，从而使其注意力集中、心理积极向上。例如，在听"Tokyo—a City Rebuilt"这篇短文之前，教师可以就 Tokyo 发问：

Where is Tokyo?

Have you ever been there?

Can you imagine what kind of city it is?

What are the characteristics of Tokyo?

学生可通过自己已有的知识大胆想象，将自己的想象和将要听到的录音内容自然地联系起来，这样他们对东京了解的欲望就会大为增强，对要听的录音内容就会倍感亲切。这种方法不仅有助于排除学生的畏难情绪，更重要的是有助于激发他们听的欲望。"借题发挥"还要求教师把握总原则，先把自己的想象力发挥出来，然后不拘一格，用诱发性问题和其他灵活多样的方法来挖掘学生的潜能。

有目的地听，是指通过一定的方式让学生提前有所准备，有明确目的地听。通常的做法是采用提问的方式，或者让学生听前浏览标题、题型及有关的提示或要求等。大学英语听力教材的训练内容主要集中在对话、短文和少量新闻上，其题型主要为单项选择、复合式听写、简答题等，而针对语音知识和影响听力理解因素方面的训练内容很少，因此学生所擅长采用的策略一般跟课堂所训练的内容有关。目前的大学英语听力教材往往练习形式多样，有多项选择，也有上下文情境听写、回答问题、图表填空、正误判断等。多项选择所提供的信息量过少，题型单一，不利于学生有目的地听及语篇理解习惯的养成。与其说多项选择是练习，不如说是测验或考试，所以在教学中可将它和其他各种练习的顺序进行调整，先处理其他类型的练习，后处理多项选择。这是因为其他类型的练习信息量大、目的性强、形式灵活多样，有利于学生进行语篇理解与听力训练。实践证明，在处理完其他各类型练习后，多项选择显得十分容易，难题也就迎刃而解了。例如，在听"Ramon Was Proud of Blackie"短文之前，先让学生阅读相关问题，然后带着这些问题听，并回答问题。实践证明，这样做要比先做多项选择练习效果好得多。再如，"What about a Snake?"的练习是表格填空题。表格的信息提示恰好是录音内容的轮廓，可以帮助学生明确此短文的目的，更好地进行语篇理解。有针对性地采用一定的方法引导学生有目的地听，对纠正学生不良的学习习惯大有好处，可消除其畏难情绪，增强其语篇理解能力。

（二）"一文多听"或"一话多听"阶段

这一阶段是培养学生听力的实质性阶段，其主要方法是要求学生进行三次不同要求和目的的听，由小到大、由部分到整体、由表层到深层培养学生语篇理解及获取特别信息的能力。

1. 一听

"一听"即略听，要求学生回答概括性问题，检查学生对主旨大意的把握情况，消除学生逐字逐句理解、不关注全局的现象，使学生清楚主题句常出现的位置，学会抓住主题句。

"一听"的主要目的是通过回答有关中心大意的问题或做有关练习，检查学生对中心大意的理解，逐步使其克服上述不良习惯，养成语篇理解的能力。同时，还应重视学生听力技能的培养，随时向他们传授有关知识，并引导他们将这些技巧运用到听力训练中去。例如，听短文时，引导学生抓住全文的首句和末句、各段落的首句、末句或重点句。教师应告诉学生，这些句子对全文和整段有概括和提示作用，听懂这些句子有利于养成语篇理解的习惯。再如，要告诫学生，在听较长的对话时应自始至终把握交际双方的关系、话题、说话地点等关键性问题，以便更好地理解全篇。

2. 二听

"二听"即获取特别信息的阶段。"二听"完，就细节提问，训练目的是让学生排除无关内容，准确听辨所需的具体信息。"二听"的主要目的是训练学生准确听辨出特别信息的能力，回答出如"Who...?""What...?""Why...?""Where...?""How...?"等具有引导性的问题或完成有关练习。"二听"是在"一听"将听力材料的中心思想进行概括的基础上进行的，主要解决"一听"中没有完全听懂的问题。可以说，这一阶段是"一听"的继续和深化。

"二听"的关键在于引导学生排除无用信息，有目的地听辨所需的特别信息。这是一项基本听力技能，一定要通过各种练习加强训练。

3.三听

"三听"即精听。要求学生找到更加细致的具体内容。这是巩固"一听"和"二听"成果的深化阶段，其主要目的是让学生进行比"一听"更深的语篇理解，比"二听"更全面、更具体的特别信息理解。首先，教师应该运用熟练操作语音设备的技能，使学生听清、听懂录音材料中的语言项目，如疑问、感叹、否定、比较、虚拟、因果、建议等。另外，还要强调常见的语法结构和关键词等，消除剩余的语言障碍。其次，要求学生在此基础上达到语篇理解的升华，即不仅使其掌握整篇听力材料的主题思想和说话人的真实意图，而且要通过一定的有效练习培养其判断、推理、综合、归纳的能力。实践证明，复式听力教学符合人类认识客观规律的模式，它循序渐进地培养学生的听力技能，既突出了语篇理解，又在语境的基础上加强了特别信息的理解训练，是一种行之有效的听力教学方法。

第三节 "说"的技能培养

一、大学英语口语课型的特点

随着大学英语教学的发展，一些大学根据社会发展和转型的需要，将大学英语的课型细致划分，口语课型就是其产物之一。在这些大学里，说已经作为一个独立课型出现，重点培养学生说的能力。进入21世纪以来，为了适应"大学英语第二次革命"的要求，发生了三个转变，即教学思想的转变、教学模式的转变和评估方法的转变。在这三个转变中，都对学生的听与说的能力给予了充分重视。在教学思想的转变中，要求以读为主转变为以听说为主；在教学模式的转变中，要求充分利用科学先进的技术，围绕听说搭建教学互动平台，建立学生自主学习体系。此外，与之相配套的教材依托科学技术，与网络配套，突出自主互动地培养学生的听说能力；在评估方法的转变中，一系列的举措相继出台，也将彻底改变全国大学英语统考的模式，其中在测试中增加听力的权重，降低了参加全国大学英语口试测试的最低分数线。至此，大学英语教学已经在教学理念、教学模式和评估方法三个方面给说开辟了一条康庄大道，专门培养学生说的能力的口语课型纷纷建立，关于说的课程体系已见雏形。

需要注意的是，"大学英语第二次革命"是一次翻天覆地的变革，涉及的情况比较复杂。大学英语面向的是非英语专业的大学生，学生的精力有限，学习目标和结果也各异。此外，大学课程体系中大学英语的课时也非常有限，而且各个大学的财政状况不同，并不都能保证充足的建设投入。多媒体、网络、电视等为今天的外语教学提供了极大便利，它们使外语教学更加生动、活泼、丰富多彩。教师在继承现有教学模式中优秀部分的同时，要逐步推广基于校园网的多媒体教学模式，开发网络教学系统和多种多样的课程教学软件，发挥计算机可单独反复进行语言训练，尤其是听说训练的特点。学生可以根据自己的需要进行反复的听说训练。通过语音跟读、人机对话、角色扮演、陈述等形式，学生的听说能力有望得到提高。

再者，上述三个转变对大学英语教师的业务能力提出了更高的要求。长期以来，大学英语师资队伍建设投资少、不受重视，也成为阻碍对学生全面开展说的技能训练与培养的瓶颈。正是由于上述原因，在三个转变指导下的大学英语教学仅在某些大学进行了试点。

除了一些试点院校和个别院校开设了听说分离的课程，目前大多数大学的英语课程中仅有听力课。在这样的背景下全面探讨大学英语说的技能培养显然是不现实的，全面总结相关教学经验和理论也为时过早。

二、"说"与"听"要密切结合

根据语言规律可知，在日常交际中，人们的交际首先是不断聆听与表达。聆听与表达是输入和输出的关系，听属于输入，说属于输出。语言的输出是以输入为前提的，而输出则是对语言输入的有效检测，丰富准确的语言输入是确保高质量语言输出的必要条件。因此，输入、输出是听说技能在现实交际中的直接反映，是实现交际成功必不可少的两个方面，二者密切相关、缺一不可，我们不能主观地将两者孤立起来。

改革开放以来，我国对外语人才尤其是优秀的外语口语人才的需求变得更加迫切。虽然大学英语口语课型目前仍处在试验期，但是对大学生英语口语能力培养的讨论却如火如荼。许多学者的统一共识是：大学生英语口语能力在教学体系中应得到充分重视。这是大学英语改良思潮作用下的结果。说它是改良是因为它没有像"大学英语第二次革命"那样极大地改变大学英语的被动局面，而仅仅在已有的大学英语课程模式的基础上，在教材编写方面将"听力教程"改良为"听说教程"。客观来讲，这样的思路是一个大的进步，但是大学英语课程设置课时很少，平均一周一节。在这样短的课时内，教师要很好地进行听说技能培养难度很大，加之现在的教材越编越厚，内容越编越多，更增加了课堂处理的难度。在课堂上，学生听完听力材料后时间已经所剩无几，来不及进行口语技能训练，教师迫于无奈还是将听说课当成听力课来上了。实践表明，这样的课程设置对口语技能的培养重视不够，给学生提供的开口说的机会很少，将"说"与"听"剥离开来，仅留下了机械与单调的听力技能培养，严重影响了学生交际能力的提高。

尽管口语课型尚未普及，但是现有听力课型实际上已经融入了对说的培养。在教学实践中，教师应遵循语言教学规律，尽力合理运用课时，给说留出一定时间，充分利用先进的技术设备，采用多媒体提高课堂效率，使说与听紧密结合起来。

大学英语教学的最终目的是培养学生的交际能力，而交际能力最主要的体现就是学生听说结合的综合能力。因此，听力课程作为一门以语言输入为主的课程，口语课程作为一门以语言输出为主的课程，二者应相辅相成，共同促进输入、输出的完成，实现交际的最终目的。

总之，大学英语教师应当在教学实践中把听、说结合起来，借助多媒体技术、教学手段等，在课堂上实现听与说的密切结合。

三、重视培养"说"的课外环节

良好的口语能力，首先体现为正确的语音语调，其次是语法正确、用词恰当、符合英语表达习惯，再次是内容充实、逻辑性强，最后是流利而富有感情。大学英语课时有限，而课外的学习时间是无限的。大学英语教师应力图将课堂上有限的时间延伸到学生无限的课后自学中去。这条教学规律对任何学科的教学都是适用的，不过大学英语的特点使之显得格外重要。教师的课堂教学犹如"画龙"，"点睛"还要由学生自己在课外来完成，仅凭课堂有限的课时是不可能具有较高的英语听说能力的。作为学生，要想真正提高听说能力，除了重视课堂，还必须加强课后有关听说的练习，养成课后自学英语的好习惯，如积极参加英语角口语会话活动、口语竞赛，以及通过各种渠道广泛听各种听力材料等。学生要主动为自己创造一个良好的口语与听力环境，巩固课堂中学过的内容，进一步提高自己的听说能力。

在教学实践中，一方面，教师应重视学生课后环节的自学，督导他们进行大量的自学练习，以使其不断提高听说能力；另一方面，教师还应引导学生选择正确和科学的自学方法进行听说练习，使他们明白掌握正确和科学的自学方法是成功的一半。

首先，教师要指导学生选择合适的听力材料。为了提高自己的听力水平，学生应该根据自己的水平，选择一些具有真实性、可理解性和多样性的材料来练习。根据心理语言学家的研究，一段完全听不懂的材料对听者而言只是一种噪声，对提高听力不会有任何帮助。因此，选择适当的听力材料是很重要的。学生选择适合自己水平的听力材料，他们的学习热情就会被充分调动起来，他们就会自觉地进行由浅入深的有效训练，逐步养成良好的自学习惯，获得成就感，享受听懂的乐趣，从而提高自己的听力水平。

其次，教师要告知学生，在进行听力练习时，一定要专心致志，仔细听音，坚决摒弃一边听录音、一边心不在焉的不良习惯。因为人在全神贯注时，大脑细胞处于兴奋状态，外界信息冲击大脑所留下的痕迹比较深。只有专心致志地听，才能收到较好的效果。这也恰恰解释了为什么许多学生每天都在听英语材料，但还是一直听不懂且进步不大。

最后，在听力输入的基础上，教师一定要鼓励学生在课外多说英语，以听促说。课外练习口语的机会和场合非常多，而学生对此并未有足够的认识，教师除在课堂上为学生创造说的机会之外，还应具体告知学生：一方面，要积极参加英语角和口语大赛等常规的和正式的活动，创造练习口语的机会；另一方面，像课文复述、同学间的英语聊天、背诵名家名篇、和外国朋友交流等，都是练习口语的好机会。学生一旦有了这一意识，就能够及时把握练习口语的机会。

中国不少学生都羞于开口说英语，怕丢面子，怕说错。这种心理的形成主要受中国文化习俗、英语教学体制等的影响。无论如何，教师应鼓励学生开口，使其逐步养成讲英语的习惯。另外，教师还要使学生明白口语语体和书面语体的特点与差异，使他们知道口语语言灵活多样，不管是中国人还是外国人，其口语都会出现这样或那样的错误，讲口语出点错是正常现象。学生只有养成了开口讲英语的良好习惯，才会逐渐克服练习口语时的不良心理状态，其口语技能才会大大提高。

第四节　多媒体教学在大学英语视听说教学中的应用

随着现代化科学技术的不断发展，多媒体技术在大学英语听力教学中的应用愈来愈广。多媒体技术就是通过计算机对语言文字、数据、音频、视频等各种信息进行存储和管理，使用户能够通过多种感官跟计算机进行实时信息交流的技术。多媒体技术所展示、承载的内容实际上都是计算机技术的产物。

所谓媒体，就是指承载和传输某种信息或物质的载体，可分为五大类：感觉媒体、表示媒体、表现媒体、存储媒体和传输媒体。在计算机领域，媒体主要是传输和存储信息的载体，传输的信息包括语言文字、数据、视频、音频等；存储的载体包括硬盘、软盘、磁带、磁盘、光盘等。多媒体是把各种媒体的功能进行科学的整合，联手为用户提供多种形式的信息展现，使得到的信息更加直观生动。

多媒体技术则是利用计算机把文字材料、影像资料、音频及视频等媒体信息数位化，并将其整合到交互式界面上，使计算机具有交互展示不同媒体形态的能力。

多媒体技术可以说是信息时代的典型产物，最初多媒体技术是在军事领域发展起来的，通过多媒体联合展示实现军事目的。之后这种技术以其优异的信息处理和传递的功能特性而迅速发展，受到了科研机构的高度重视，经过研究运用，逐步形成了一种进行信息交流的关键方式。进入 21 世纪，多媒体技术的发展更加快速，这一技术极大地改变了人们获取信息的传统方法，迎合了人们读取信息方式的需求。多媒体技术的发展促进了计算机使用领域的改变，使计算机搬出了办公室、实验室，拓展了巨大的适用空间，进入了人类社会活动的诸多领域，包括工业生产管理、学校教育、公共信息咨询、商业广告、军事指挥与训练，甚至家庭生活与娱乐等领域都得到了广泛应用，成为信息社会的通用工具。

一、多媒体教学的概念及其优越性

多媒体教学是指在教学过程中，根据教学目标和教学对象的特点，通过教学设计，合理选择和运用现代教学媒体，并与传统教学手段有机组合，共同参与教学全过程，以多种媒体信息作用于学生，形成合理的教学过程结构，达到最优化的教学效果。

在教育领域，衡量与评估教学水平与质量的一个重要标准就是计算机等现代科学技术的应用水平，其中利用多媒体技术提高课堂效率和教学质量是当今教学改革的核心工作。多媒体技术具有多维性、集成性和交互性等特点，将其运用于大学英语视听说教学大有裨益。从信息传播角度看，它通过多媒体传播信息，调动人们的视听说等感官，加深人们对信息的理解。从认知心理学角度看，它传送的信息更有利于人们对概念的认识、认知结构的形成与迁移。从大学英语教学的角度看，多媒体教学使学生在听到声音的同时，看到相关的真实视频画面，实现视听同步，能够激发学生说的欲望以及学生学习语言的兴趣。

在改变传统听力教学模式，建立视听说三合一的有效教学模式，创造良好的课堂氛围方面，大学英语多媒体教学有着一定的优越性。

第一，多媒体教学信息容量大、节奏转换快、教学效率高。在传统的听力教学中，教师在播放录音时往往在找磁带、倒磁带等方面花去很多时间，在答案的核对与补充材料的提供方面效率也很低。这导致了学生在课堂上得到的信息有限，也得不到足够的感观刺激。使用多媒体教学，教师可以在课件上准备大量的文字、图片和视频材料，播放录音效率也非常高。通过视频，学生可以在听到录音的同时看到恰当的文字材料和大量图片信息背景资料，有时还能欣赏到优美的音乐和画面，从而获取感官刺激，激发学习的积极性和主动性，进而提高课堂教学效率。多媒体教学使整个教学环节高效多元，使教学效果得到了极大的改善。

第二，多媒体教学有助于学生对语言的接受和对文化背景知识的理解。大学英语听力课堂主要依据教材和传统的媒体授课，对于录音中遇到的语言问题，教师只能口头讲解，时间一长，学生熟悉了教师的语调和单一的授课方式，就会在心理上产生单调的感觉。这不仅使学生在听录音方面减少了动力，也增加了学生理解录音材料的难度，最终对教学效果产生不利影响。目前，并不是所有高校都具有模拟真实语言环境功能的多媒体语言学习系统，教师可利用现有资源和技术设备，自制课件，以图、文、声、视频多维呈现教学内容,改善课堂教学效果。自制课件可以融入许多背景文字材料、图像资料、录像资料等,形象生动,一目了然,具有非常强的感染力,学生通过这样的媒介能够加深对目标国家文化背景知识的理解,加强对该国历史、政治、人物、传统与习俗文化知识的感受,丰富感性认识,从而顺利完成从具体形象思维向抽象逻辑思维的过渡。

第三,多媒体教学有助于提高课堂教学效率,使学生有更多机会参与教学环节,从而有利于语言的运用和实践。目前的听力课课时少、任务重,课堂上主要以放录音和核对答案为主,长此以往,学生的积极性会打折扣,课堂语言实践的机会也会减少。利用多媒体技术自制教学课件,不仅可以提高课堂教学的效率,更重要的是可以增加学生使用语言的机会,如图片、录像等都可以激发学生说的欲望。我们注意到:由于图片、录像等的辅助,学生在听录音时注意力明显集中;画面的非语言信息帮助学生理解内容,有助于增强学生对语境和语言交际的感性认识;课件提供的大量媒体材料创造了有意义的语言运用操练机会,学生在反复操练中不断提高语言运用能力,并能作出及时的反馈,从而使学生的自主学习能力得到更好的培养。

目前,各个学校都建有语音实验室,但是能用于多媒体教学的语音实验室并不多,而且这些为数不多的语音实验室也尚未得到充分利用,充其量只起到高级录放机的作用。大学英语视听说多媒体教学模式的改革意在调动教师运用和制作多媒体课件的意识,使学生在目前有限的客观条件下,在有限的范围内充分利用计算机教学软件和各种音频、视频立体呈现教学内容,激发学生的学习热情,为将来多媒体教学的全面开展进行前期实践探索与理论研究。

二、视听说多媒体教学的优越性和局限性

笔者经过调研发现:目前,开展多媒体教学的学校不少,有的学校的外语系还成立了多媒体教研室,专门开展这方面的研究,但是都没有在听力课上进行视听说多媒体教学实践和研究。他们主要采用公开出版的大学英语精品教材,围绕精品教材进行多媒体教学,对课件的制作和听力课堂模式的研究不多。

教学改革能够进入教学实践环节的关键是课件的制作。没有课件,整个教学改革就无法进行。自制的视听说多媒体教学课件要生动活泼,适合视听说课堂教学的顺利开展,这一点非常重要,因为自制教学课件是日后全面利用多媒体技术、普及多媒体教学

的基础。

笔者建议选用简单易学、适用面广的 PowerPoint 软件来制作课件，以便于日后自制课件，广泛开展多媒体教学。目前，部分公开发行的多媒体学习光盘在课堂教学方面存在很大的局限性，不适合用于教学实践。

第一，商业多媒体学习光盘以辅导学生的学习为目的，不是教学用多媒体课件。它们往往是教材的全盘复制，即将课本搬到了电脑上，画面单调，视频较少，很多与课本的主题没有多大关系，而且画面质量和难易程度都把握得不准确。在课堂上，有教师的引导和讲解，需要的是简单明了、重点突出、生动活泼的课件。

第二，商业学习光盘画面单调，往往以文字为主，附带一些与主题无关的图片和影视片段，缺乏多媒体视觉、听觉等充足的感观刺激。而自制的多媒体教学课件可以避免上述缺点，切合课堂教学实际，真正起到多媒体辅助教学的作用。

视听说多媒体课件的制作远比普通的多媒体课件制作复杂，因为这样的课件要求非常高，不仅需要文字材料，还需要大量的与每个单元内容主题相关的图片、影像资料、听力材料录音、音乐媒体材料、动画等。要从繁多的多媒体材料中找到合适的内容是很不容易的，而且要满足连续的教学实践需要，课件制作的任务是相当繁重的，如果交给出版单位完成，花费较大。视听说多媒体课件做到了以学生为中心，在了解学生学习英语的信念、条件、兴趣和策略的基础上，关注他们在学习过程中的困难和需求，并以此为目标，从多维角度加强对学生薄弱环节的语言输入。

如此繁重的任务是笔者所在课题组面临的教学改革的第一道关卡，经过努力，课题组完成了一个学年教学实践的课件制作，在课件的画面设计及各类媒体材料的组织安排上达到了很好的效果。原教材的设计是以主题为框架的，具有主题性结构特征。听力对话和短文里面都有具体的情节和人物，配套或附加的材料也紧紧围绕主题进行。课题组所做的课件以"主题性"为基础，图片、录音、视频影像、动画等都和主题、具体情节、具体任务紧密相关。依据这样的思路，制作的课件就像一部电视连续剧，一课一集，每一课开头都设计有与主题有关的绘声绘色、生动活泼的开场前奏，并配有主题背景音乐、图片和动画，而且每课各异，没有重复。在课堂教学实践中，学生得到了充足的感观刺激，投入程度大大提高，教学效果明显得到了改善。

在制作课件之前，课题组首先确立了指导思想和教学重点。我们认为，大学英语听力课是大学英语教学的一个组成部分，它在课时、技能要求、指导思想等方面都受到现行大纲的影响与制约。随着大学英语教育的不断发展，学生说的能力会越来越受到重视。因此，课题组以现行大纲为基础，结合大学英语的实际情况增强教学改革的可行性及将来的可普及性，在原有听力课的基础上引入说的技能的培养，利用多媒体，从视觉、听觉和口头表达角度入手，改进课堂教学模式和效果，提高教学质量。课题组制定的《大学英语视听说多媒体教学大纲》以全国统一的教学大纲为基础，融入自己对多媒体教学的观点和多媒体教学在听说课中的作用。该大纲文字虽然不多，但浓缩了基本指导思想的精华，为今后全面开展视听说多媒体教学提供了一定的理论参考。

备课就是实施教学思想的关键步骤。在制作课件的同时，课题组针对教学改革课程的特点制定了基本授课步骤。在完成常规听力部分的同时，课题组结合课本内容，由图片、声像媒体材料作为引导，专门开辟了学生练习说的环节。由于整个教学活动围绕主题进行，学生往往有话要说、有话想说，在一定程度上改变了以往学生被动接受的局面。备课教案的编写使课堂教学具体化和条理化了，为顺利完成教学改革任务奠定了基础，为授课做好了准备。

为了使课堂教学更具可行性和指导性，为日后的听说教学提供切实可行的参考和指导，在选择教材上，课题组选择了《全新版大学英语：听说教程》。该教材注重学生应用能力的培养，听说并重，全面培养学生听的能力和口头表达能力。不仅如此，该教材始终以语篇训练为主线，从一开始就培养学生在听的过程中先抓中心思想后抓要点的习惯，注重培养学生的语篇理解能力，提高他们对听力材料的分析、归纳、判断和推理能力。因此，在教材的选择上，不仅达到了预期的目的，而且没有脱离常规教学，具有可行性和一定的现实指导意义。

在大学英语视听说多媒体教学模式所需的课件、大纲、教案、教材等都准备好后，课题组按照原计划确定了多媒体教学改革课堂实践环节的教师，在其任教的班级进行广泛试点，并进行课堂效果调研和跟踪调研，询问和了解学生对授课方式和效果的建议和意见，然后总结反馈意见，积累教学经验。在教学实验中，各种媒体材料各显其能，使课堂气氛非常活跃，激发了学生的学习兴趣，提高了教学效率。如课题组所预料的那样，学生们对此教学模式反映很好，他们希望此教学模式能全面开展，并且能长期应用。学生在对课件的制作水平给予充分肯定的同时还提出了自己的建议和更高的要求：如用 Flash 制作课件效果会更好，设法让图片等媒体材料都能动起来会更加形象生动，等等。

面对学生的期望，我们感到很惭愧，因为我们还不具备制作 Flash 的技术水平，而且我们没有充足的资金和得力的技术支持。运用多媒体教学技术是当今和将来教学方法改革的方向的衡量标准，由此我们感到大学英语教学改革任重道远。完成这样的任务不仅需要各方面的大力支持和正确引导，而且需要广大教师解放思想，为多媒体教学贡献一份自己的力量。

视听说多媒体教学改革实验活动在笔者所在学校进行了两个学期，为期一年。在所实验的班级里，学生的学习兴趣明显增强，学习积极性非常明显。一年的教学实践证明，学生对视听说多媒体教学非常满意，课堂学习气氛活泼融洽，取得了良好的效果。

任何事物都有两面性。尽管多媒体教学优越性无与伦比，在教学实践中，课题组还是发现了一些局限性：

第一，多媒体教学向教师提出了严峻的挑战。进行多媒体教学，教师首先要面临的问题就是计算机操作和课件制作问题。教师是整个教学计划的最终执行人，如果他们的实际操作水平不高，多媒体教学将无法开展，更谈不上普及与深化。只有能够熟练应用计算机技术，多媒体课件的真正功能才能发挥出来。因此，对教师进行相关培训是很有必要的。此外，从更高的角度来看，多媒体并不是教师的替代品，教师不能只充当机器和软件的操作者。多媒体教学有利于教师自身素质的提高，但是要有效利用多媒体教学，教师必须学习计算机辅助教学理论知识和教育理论知识，学会自己动手制作切合实际的教学课件。目前这已成为制约多媒体教学的一个重要因素。

第二，计算机多媒体技术功能强大，但是造价很高，需要大量资金投入建设才能开展起来。目前我们所面临的大学英语精读课非常缺乏现代先进科学技术的支持，听说课的语音实验室大部分还只是放录音，学生用耳机听，没有实现真正的多媒体教学。一般认为，多媒体技术是以计算机为核心，对文本、图像、声音、动画和视频等媒体元素进行综合处理的技术。计算机能对多媒体元素进行综合处理，创造图文并茂、形声俱佳、形象生动的教学情境，有助于激发学生的学习兴趣，吸引其注意，增强其学习的主动性，使其在乐学中提高学习效率。另外，目前能用作进行多媒体教学的实验室还非常有限，根本无法满足日常的教学需求，普及也就无从谈起。

第三，通过这次教学实践我们认识到，课件的制作是非常关键的。没有课件，多媒体教学就难以开展。但是由于它耗时耗力，没有足够的资金投入和具有计算机辅助教学技术的教师参与，根本无法完成课件制作任务。目前的课件仅仅满足了多媒体教学实践的需求，可以在某个教学阶段进行运用，如果要在教学中普及，则需要进一步完善其制作，而要达到这样的目标还需要更多的资金和大量人力的投入。

第五节 提高大学生英语听说能力的有效途径

一、循序渐进，提高学生的听说兴趣

学习兴趣是推动学习的有效动力，是学习动机中最现实、最活跃的心理因素，在教学中培养和提高学生学习英语的兴趣是至关重要的。许多学生在进入大学以前都未曾经过专门的听说训练，进入大学后刚接触听说课时可能会产生畏惧心理，有的学生甚至失去学习兴趣。因此，教师要起到穿针引线的作用。在课堂上，教师要告诉学生，英语并非我们的母语，所以某些地方听不懂或者说错是很正常的现象，慢慢练习就会取得一些成绩；同时，还要告诉他们以正确的心态来面对课堂听说练习，不要感到不好意思或者认为教师在为难他们。教师的态度要温和而真诚，要尊重每一个学生。在大学英语听说教学中，教师要从学生的实际水平出发，循序渐进地选择听力教材，采取稳中求实的原则，努力创造一种轻松和谐的课堂氛围，减少学生在听音时的不安和心理压力。教师在学期开始时就应该让学生清楚地了解本课程的教学目的、教学要求、教学安排和教学形式，可以以不记名问卷调查的形式向学生征求建议，鼓励他们参与课堂设计。教师应该针对学生希望提高听说能力，但容易气馁的心理，精心地设计每一堂课，选取难度适宜又实用的听力材料，在教学活动中营造情景交融、轻松愉快的课堂气氛，激发他们的兴趣和求知欲。课堂上除了听力理解的书面练习，还应该适当增加口语练习，这样做既可以活跃课堂气氛，又可以提高学生的学习兴趣，优化教学效果。

二、引导学生积极参与课堂讨论

课堂讨论是培养学生英语交际能力的一种很好的形式，只有让学生全面参与学习过程的讨论，学生的听说能力才能得到充分训练。特别是学生之间、师生之间的开放性讨论，不仅能培养学生说的胆量，激发学生说的欲望，提高学生说的能力，使学生说得准确、流利，而且能提高学生的思维能力，激发学生用英语进行交流的兴趣。

语言不是教会的，而是学会的。大学教师的任务不仅仅是完成教学任务，还包括逐步培养学生的自主学习能力，使他们逐步走向自学之路。英语是一门实践性很强的课程，因此在大学英语听说教学中应以学生为中心。在课堂上，教师应该调动学生的主观能动性，把说的机会留给学生，促进其口语能力的提高。在教学过程中虽然教师退到后台，但这并不意味着教师的作用被抹杀了，相反，教师的作用更加重要了。因为在听说教学的过程中，教师始终起着导演的作用，帮助学生明确听说教学的交际任务和目的，指导学生选择教学活动的形式，如角色扮演、分组讨论等。在这一过程中教师不仅是管理者，还是参与者，教师能够保证课堂活动的顺利进行。

三、丰富教学方法，提高学生学习兴趣

教师应尽力采用多种方法让学生在课堂上练习说英语，这一点很重要。除了让学生进行课堂讨论，教师还可以采用下列方法训练学生说的能力：

第一，故事复述。让学生复述他们所读到、看到和听到的故事。教师也可以每节课抽出一点时间给学生讲一个长度、难度适中的故事，然后让某个学生进行复述，同时让其他学生补充，直至把故事补充完整。

第二，讲故事。让学生用正确的英语语音语调讲故事，并根据情节做出手势和表情。教师也可以为学生提供情节和人物，让他们即兴编故事，以培养他们随机应变的能力。

第三，角色扮演。让学生通过角色扮演练习情境对话。这种练习有助于学生在现实生活中灵活运用英语。

第四，短剧表演。让学生以小组为单位集体创作剧本，然后编排表演，课堂表演时间尽量限制在8~10分钟。通过背诵大量台词和反复多次排练，可以强化学生的记忆，

激发学生的求知欲。

第五，唱英文歌曲。让学生学唱英文歌曲，以此来矫正学生的发音。这种活动可以调动大多数学生的参与积极性，而且能寓教于乐。教唱英文歌曲是英语教师的一项重要的职业技能。利用唱歌来教英语是一种不错的教学方法。根据教学内容巧妙地利用英语歌曲进行英语教学，既可以活跃课堂气氛，消除学生的紧张情绪，激发学生的学习兴趣，又可以培养学生的语感，陶冶学生的情操，提高学生的学习效率和口语流利程度，还有利于营造一种轻松自如、快乐学习的氛围。

第六，看英文电影。电影的表现形式之一就是语言，学生可以在看英文电影的过程中学习日常用语，锻炼听力，同时还能了解外国的文化。

四、模仿—复述—创造，逐步提高学生的听说能力

（一）模仿

模仿的第一步是模仿语音。模仿时要一板一眼，口形要正确。刚开始模仿时，速度不要过快，要慢速模仿，以便把音发到位，待把音发准了以后，再加快速度，用正常语速反复练几遍，直至达到脱口而出的效果。第二步是模仿地道的英语表达方式。模仿要大声，不要急于纠正练习里的简单错误，不要过分注重正确性，要着重培养说话的流利程度，还要纠正词不达意的错误，以提高说话的质量。通过模仿可以提高交际能力，教师可以在听力课中不断地让学生进行模仿语音、模仿句子、模仿对话及语段的练习，一方面引导学生注意正确的语音语调，另一方面帮助学生建立正确的图式以促进新旧知识的迁移。

（二）复述

复述要求复述者对文章大意准确理解、清楚表达，并不要求逐词逐句地背诵。在有技巧地做好笔记和理解的基础上，复述者用自己的语言重新组织，表达出来。这种方法既练听力，又练口语表达能力。学生通过听力练习，接触大量的语言之后，便可进行口语能力的训练，口头总结其大意，或者复述原材料内容，最后达到能用自己的话去描述原材料内容的效果。在语义通顺、没有语法错误的前提下，复述有较大的灵活性，如改

变句子结构、转换表达方法等。此外，在复述时，复述者可以用自己记忆库里的词汇和句子来替换一些不常使用或难以理解的词汇和句子。

（三）创造

因不够自信而拒绝使用英语在我国是普遍存在的，同时由于外语不是交际中必需的手段，学习者使用英语交际的欲望较低。实际上流利的口语是在不断出错的过程中练出来的。练口语时应该积极主动、大胆，克服害羞心理。学生应该积极主动地寻找英语语言环境，利用一切可利用的机会去会话。例如，学生可以在自己的房间里大胆地说，可以在散步时描述一下天气情况，说说家庭、业余爱好等。

五、开展好英语课外活动

教师除了抓好平时的课堂 45 分钟，还应开展一些丰富多彩的课外活动，这不仅能帮助学生巩固理解课堂所学知识，而且能拓宽学生的视野，给他们提供一个生动有趣、形式多样的语言环境。英语课外活动作为课堂教学的辅助形式，与课堂教学实际紧密相关，但不是课堂教学的简单重复，而是课堂教学的延伸与拓展，是学生锻炼和提高英语听说能力的第二课堂。因此，在安排英语课外活动时，必须考虑学生的年龄特点和英语知识水平，选用切实可行的方法与形式开展有利于培养学生听说能力的各项趣味活动，如英语辩论比赛、英语演讲比赛、英语朗读比赛等。

总之，英语交际能力的提高是一个循序渐进的过程，学生靠平时多听多练、日积月累才能有所提高。随着当今经济社会的发展和全球经济一体化的推进，英语学习已成为我们生活中必不可少的一部分。当代大学生，更应该注重提高自己的英语交际水平，只有这样才能更好地适应社会，从而在社会中站稳脚，获得更大的发展空间。

第五章　大学英语写作教学实践

第一节　句子写作

英语写作是英语综合应用能力的体现，它全面反映了学生对英语的掌握程度。换言之，写作是一种综合技能，与听、说、读、译等能力有着密切的联系，它以这四种能力为基础。学生的写作水平如何，取决于其自身的其他能力水平，而写作水平的提高会促进学生英语水平的提高。从另一个角度来看，写作和说一样，都是语言的产出性技能。所谓产出性，意味着学生不仅要被动地接受与识别语言，而且要主动地掌握表达思想感情的词汇，具有熟练应用语法知识、自由组词造句的能力以及谋篇成文的技能。英语写作在整个英语教学课程中显得格外重要。总之，英语写作是英语教学中的一个涉及面很广的重要部分，在教学实践中教师应时常引导学生进行写作基本功训练，引导学生平时多读、多观察、多思考、多写、多练。

句子是能够表达完整意义的最小的语言单位。句子的写作是段落和篇章写作的基础，因为任何文章都是由若干句子组成的，句子写作的好坏会直接影响到段落与篇章的质量。因此，我们讨论英文写作时，首先可以从句子的写作入手。

句子写作看似简单，但如果没有经过严格训练，或者过于随意，写出来的句子很可能令人费解，还会出现中文式表达。因此，在写作教学中，教师应要求学生从语法规则和基本词汇的用法上多下功夫，打好语言基础，进而让学生写出正确、地道和具有表现力的句子。

一、准确用词

在写作教学过程中，教师应首先注意教会学生如何准确用词。写作时准确用词有助于准确表达思想，还能使语言更规范。如果写作时有较多语言不规范等错误，段落与篇章也难以形成，即便拼凑成文，也会在逻辑与语义方面错误百出，影响交际。总之，写作时准确用词能起到准确表达思想及语言规范的积极作用。

例 1：How you behave at dinner will <u>expose</u> the kind of person you are.

例 2：During the dinner, don't forget to <u>speak</u> some interesting things in a friendly way with others.

解析：上例引自学生习作，画线单词所表现出的用词失范非常典型。显然，例 1 中 expose 一词运用不当。该单词的含义为"暴露，显露"（如 Don't expose it to the sun.）或"揭示，揭露"（如 He exposed the plan to the police.）。写此例句的学生只知该单词的中文意思而不顾英语惯用法，导致错误使用该词，应用 reveal 或 show 替换。在例 2 中，speak 一词表示"说某种语言"，后面常跟 English、French、Chinese 等表示语言的词；此外，它还作不及物动词使用。例 2 中使用 speak 不妥当，应改为 say。

由此可见，在写作教学中，教师应教会学生写作时认真斟酌用词，尤其要引导他们在基本词汇的用法方面多下功夫；此外，还应注意勤总结基本词汇的同义词和近义词的使用范围和方法，以及基本词汇的搭配方式及惯用法，帮助学生养成多积累的好习惯，避免用中文词义套用英语词汇。只有这样，学生才能不断地丰富自己的词汇，学会准确用词，写出正确的英语句子，教师也才能取得写作教学的成功。

二、恰当交叉运用普通词汇和具体词汇

普通词汇和具体词汇具有各自不同的作用与特点。普通词汇用于文章的开头和摘要，可以使文章短小精悍、通俗易懂；用于段落的主题句及结论句，可以对段落进行高度概括。具体词汇主要用于段落的发展句等需要详细论述的地方，以使句子生动，更有感染力。写作时，应恰当交叉运用普通词汇和具体词汇。如果使用不当或随意用一个笼统的词来描绘一个具体事物，就会因句子信息量不足而给人模糊不清的感觉，使文章笼

统、空洞。而过多使用具体词汇则会导致句子冗长累赘，或使文章、段落缺少层次。

目前，许多大学生在写作中能"产出性"运用的词汇大约只有1 500个，其中大多是概括性词汇，或称普通词汇，其文章缺乏确切的具体词汇，句子缺乏生动性与表现力。由此看来，在写作教学中培养学生灵活恰当地交叉运用普通词汇和具体词汇的能力，是一项重要任务。

普通词汇是指具有概括性的一般常用词。这些词用以表达基本的概念、动作等。与其相反，具体词汇可以主动、逼真地对某一动作、人物或事物进行详细描述，使句子意思明确具体，如表5-1所示。

表5-1 普通词汇与具体词汇举例

普通词汇	具体词汇
beautiful（美丽的）	pretty（漂亮的），good-looking（好看的），sweet（讨人喜欢的），pleasing（令人喜欢的），attractive（诱人的），charming（迷人的），graceful（优美的）
friend（朋友）	companion（同伴），crony（密友），chum（好朋友），acquaintance（熟人），intimate（知己）
walk（走）	stride（大步走），strut（大摇大摆地走），totter（蹒跚），shuffle（拖着脚走），limp（跛行），stroll（闲逛）

可以看出，普通词汇和具体词汇具有各自不同的作用和特点。普通词汇抽象概括，具体词汇形象生动、栩栩如生。写作时，只有恰当地交叉运用普通词汇与具体词汇，才能发挥出其作用，否则就会适得其反。

三、句子的统一性

句子的统一性（又称单一性）指的是一个句子只能表达一个思想，而那些关系不密切的内容不应放在同一句内。使我们所写的每一个句子都能保持统一性，并不是指我们一定要写短句。相反，长而复杂的句子只要各个成分和修饰语之间关系紧密，并且意思完整、统一，照样符合句子统一性原则。

为保持该句子的统一性，应注意以下两点：

第一，坚持每句话只确立一个中心思想的原则，把相关的次要语义成分改为从属句或分句短语等其他适当形式，把不相关的语义成分分开，使其各自成句。

例1：I was walking in the park yesterday morning, and saw a snake.

此句结构松散，中心思想不明确，前后两部分含义独立，相互之间的关系不够密切，缺乏统一性。可以改为：

Yesterday morning, while I was walking in the park, I saw a snake.

如此修改，词句重点突出、明确，主次分明，使读者一目了然。

例2：Born in a small town in South China in 1937, he grew up to be a musician.

此句过去分词短语和主句的含义不相关，分别属于不同的两个概念，因此缺乏统一性。此句应改为：

He was born in a small town in South China in 1937. He finally became a musician.

第二，如果一个句子太长或负载太重，就该把某些重要的细节放到不同的句子中表达，删去次要的细节，否则就会影响中心内容的表达，给人以喧宾夺主之感。

例1：In 1788, when Andrew Jackson, then a young man of twenty one years who had been living in the Carolinas, still a virgin country, came into Tennessee, a turbulent place of unknown opportunities, to enforce the law as the new prosecuting attorney. He had the qualifications that would make him equal to the task.

此句用逗号过多，又附加了许多细节，结果影响了句子的中心思想，显得冗长而又累赘。可删除不必要的语义成分，略加改动，使语句显得更加恰当：

In 1788, when Andrew Jackson came into Tennessee as the new prosecuting attorney, he had the necessary qualifications for the task.

例2：The vessel made for the shore, and the passengers soon crowded into the boats, and the beach was reached in safety, where the inhabitants of the island received them with the utmost kindness.

此句中的 and 把几个各有不同主语的分句勉强连接在一起，造成句子概念模糊、意思混乱。通过分析，此句真正的主语显然是 the passengers。按照此线索可以将此句改为：

The vessel having made for the shore, the passengers soon crowded into the boats, and safely reached the beach, where they were received with the utmost kindness by the inhabitants of the island.

综上所述，句子不论长短，其各个组成部分都是在为一个中心思想服务的，句子中任何一个从句、短语或一个词都应在自己合适的位置上。要想清晰和主次分明地表达思想，就应该遵循句子的统一性，只有这样才会写出完美统一的句子来。

四、句子的平行性

句子的平行性指运用相同的词类、结构使两个或两个以上的句子成分达到同一种功能，或一个句子在重复使用时表现为形式与作用方面的对称。平行结构可使句子自然平稳、句义清楚、语义贯通和音调和谐。反之，就会破坏结构对称，使句子生硬别扭。以下将通过对比方式体验句子平行性的重要性。

例1：When I was young, I liked to swim, playing tennis, and riding.

此句的三个动词宾语的形式不一致：to swim、playing、riding。其中，to swim 和其他两个并列产生结构失衡。因此，此句结构应当做如下调整：

When I was young, I liked swimming, playing tennis, and riding.

例2：She is intelligent, outgoing, and she likes to help people.

此句结构不平行的原因在于分句 she likes to help people 与前面的 intelligent 和 outgoing 不协调，结果破坏了句子的平行性。调整的方法很简单，即将此句用三个形容词形成平行结构，如：

She is intelligent, outgoing, and helpful.

例3：We judge our friends both by what they say and actions.

此句中 both...and... 所连接的成分不一致，what they say 和 actions 不能形成平行结构，因此应适当调整，如：

We judge our friends both by their words and by their actions.

或者改为：

We judge our friends both by what they say and by how they act.

例4：Late for school, Ruth dressed hastily and in a careless way.

至此，应当很容易分析出句子的问题所在了，即 hastily 和 in a careless way 这两个起状语作用的成分不同类，因此必须进行调整，如：

Late for school, Ruth dressed hastily and carelessly.

五、句子的多样性

所谓句子的多样性，并不是指对单个句子的要求，而是指当一连串句子出现时，句式要富有变化。变化句式可以使内容生动，也有助于强调重要的观点。如果在一个段落或一篇短文中，句子都是同样的语法结构或同样的长度，就会显得单调乏味，影响文章的总体效果。例如：

They were waiting for the meeting to begin. They talked with each other. They talked about the women's volleyball team. The team had won victories in Tokyo.

显然，此段落平淡枯燥，句与句之间无内在联系，缺乏正常的表现力和感染力。如果遵循句子多样性的原则，将各句之间适当连接起来，那么此语段的表现力就会大大增强，如：

While waiting for the meeting to begin, they talked about the victories won by the women's volleyball team in Tokyo.

需要注意的是，句式变化绝不是简单地将单句连接变成长句，而是要分析句间的关系，选用最佳方法，使文章句式灵活多样、形象生动。下文将探讨常用的句式变化方式。

第一，用从属句或分词形式使次要思想从属于主要思想。

例1：We went on a picnic. It rained.

连接以上两句可以有以下两种变化形式：

As soon as we went on a picnic, it rained.

After it rained, we went on a picnic.

变化句式的选择是灵活多样的，但应当根据表达意图恰当选用。

例2：He saw an old woman get on the bus. He quickly stood up to offer her the seat.

根据句义，上句可做如下连接变化：

Seeing an old woman get on the bus, he quickly stood up to offer her the seat.

第二，用并列句将内容彼此相关的思想连接起来。

例1：The truck was heavy. I managed to get it upstairs by myself.

根据句间关系可以推断出作者要表达的意义，因此可以用 but 连接这两句，表达意思的转折：

The truck was heavy, but I managed to get it upstairs by myself.

例 2：The truck was heavy. I was not very strong.

此例的两个短句有些零碎，可以用 and 连接起来：

The truck was heavy and I was not very strong.

第三，用复合法连接主语和动词来改进句子。

例 1：*The Adventures of Huckleberry Finn* is a favorite book of mine, *Life on the Mississippi* is another.

同一件事情可以综合成一句话，这样会显得紧凑。

The Adventures of Huckleberry Finn and *Life on the Mississippi* are favorite books of mine.

例 2：Barbara played in the orchestra during the music festival. She also sang with the chorus.

同样，这两句相互顺序关联的话语用连词 and 连接起来较为自然通顺，也可将时间状语前置以做强调。

During the music festival, Barbara played in the orchestra and sang with the chorus.

第四，用同位语或同位语从句改进句子。

例 1：Three nations especially have contributed to the great music of the world. They are Germany, Austria, and Italy.

此例显然较为重复与累赘，如果去掉 they are，将其表语置于 nations 之后作同位语，该句会立刻清晰明确，如：

Three nations, especially Germany, Austria, and Italy, have contributed to the great music.

例 2：He feared that he might not be able to finish the work. The fear disturbed him greatly.

同理，两个 fear 所构成的内容较为松散，结构也不紧凑。如果用同位语从句将 fear 后的内容合并起来就会效果大增，如：

The fear that he might not be able to finish the work disturbed him greatly.

例 3：The young man was all Italian. He was the son of all exiled count.

可改为：

The young mall was an Italian, the son of an exiled count.

第五，副词、介词短语、不定式短语、分词短语或从句置于句首来改进句子。

例 1：He became a general of the Red Army at 29, having distinguished himself in action.

将起状语作用的词语置于句首使句子自然流畅：

At 29, having distinguished himself in action, he became a general of the Red Army.

例2：The time for decision had finally come.

将 finally 前置，突出了其意义表达，文体效果突出：

Finally, the time for decision had come.

第六，避免句子头重脚轻，使其平稳自然。

例1：That they will meet the year's production target two months ahead of time is very likely.

在英语句法结构中最忌讳的就是主语太长，即所谓头重脚轻。通常，在此情况下用形式主语代替真实主语，可以使句子平稳自然，如：

It is very likely that they will meet the year's production target two months ahead of time.

例2：His spectacles, an English dictionary, a cup of tea, books, and notes lay on the small desk.

有时为避免句子头重脚轻，常用形式主语代替主语从句，形式主语放于句首，真正的主语置于句末。此句主语冗长累赘，因此采用倒装句的形式，将主语后置，介词短语前置，立刻会使句子站稳脚跟：

On the small desk lay his spectacles, books, notes, an English dictionary and a cup of tea.

此句的修改还有一个细节特征，即不仅改变了介词短语的位置，而且将真实主语中的列举物品根据字母的多少排列了顺序，字母少的单词前置，字母多的单词后置。

六、句子的简洁性

所谓简洁，就是语言凝练概括、简明扼要。也就是说，用较少的语言表达尽可能丰富的内容。在不影响准确、清晰表达的前提下，句子能简化的部分尽量简化，能省略的尽量省略。用精练的语言表达丰富的思想，使人们要表达的深层语义明白流畅、一目了然。

英语句子讲究清楚简洁，避免重复累赘。在写作教学中，教师应引导学生准确、简洁用词，力求通俗顺达、简洁明了。

行文简洁的主要方法有删除法（省略法）、替代法、转换法和合并法四种方式。

（一）删除法（省略法）

删除法（省略法）指删除逻辑语义重复的句子成分、赘语和重复单词，或者省略语法允许的单词。

例 1：Whenever he returns back to home, he continues his reading.

例 2：The fact that we have received our diplomas indicates progress.

例 3：He gave us a vivid accounts of the living conditions of the poor people of that country.

仔细分析上述例句之后就会发现，例 1 中的 back to 和 return 逻辑语义重复，应删除其中之一；例 2 中的主语累赘，如果删除 The fact 和 that we have received 其中之一就会简洁明了；例 3 中的介词 of 出现了三次，显得累赘，因此删除后两个 of，改为：He gave us a vivid accounts of the poor people's living conditions in that country.

（二）替代法

替代法指采用以少替多的方式，用单词替代赘语或较长的表达方式，或者用单词或短语（分词、不定式、介词、同位语、名词、动名词短语等）替代从句，如状语从句、定语从句、名词性从句。例如：

例 4：The house is at the next corner, you can't fail to find it.

例 5：All of sudden he realized he could fly.

例 6：After he had finished his work he went home.

例 7：There is no country that can be compared with China in population.

例 8：It is without question that he is loyal to the Party.

上述例句都不长，但是还是可以运用替代法使其更为简练。例 4 中的 fail to find 可以用 miss 替代，例 5 中的 All of sudden 可以用 suddenly 替代，例 6 中的 After he had finished his work 可以用分词短语 Having finished his work 替代，例 7 中的 that can be compared with China in population 可以用不定式 to be compared with China in population 替代。

（三）转换法

转换法指翻译过程中为了使译文符合目标语的表述方式、方法和习惯而对原句中的词类、句型和语态等进行转换，把不必要的复合句转换为简单句，或者用最简单明了的表达形式表达复杂的语句。

例 9：All the jars were closed, so that the air could not touch the contents.

例 10：Please bring this file to a hasty conclusion.

例 9 可以转换为简单句：All the jars were air tight.例 10 可以转换为：Please hasten this file.如此转换可以使原句更为简洁。

（四）合并法

合并法指将两个以上的句子简化合并为一个句子。例如：

This morning I went to the classroom.When I got there, I saw many people in the classroom.

这两个句子里单词语义重复，句间关系不清。如果采用合并法将其合并为"This morning I went to the classroom and saw many people there."就会更加清晰明确。

通过以上内容可以看出，句子的简洁性非常重要，在写作中它可以使语句轻盈透彻，起到妙笔生花的作用。在写作教学中，教师应充分注意引导学生写出简洁明了的语句，而不是一味地追求长句或复杂的难句。

第二节　段落写作

段落是文章具有完整意义的外部表现形态，是文章结构的基本单位。段落通常由若干个对某一观点展开论述、相互关联的句子组成，这些句子之间应该具有连贯性和逻辑性，而并非随意堆砌。段落表达的内容应该是单一的，不能把意思互不相关的句子放在一起；段落表达的内容也应该是完整的，一个观点应当尽量集中在一个段落里论述。

段落写作是英语写作训练的关键环节。学生应先学习并掌握段落写作方法和写作技巧，然后学习如何通过段落组合和扩展写成文章。

一、段落的组成

段落由句子组成，构成段落的句子有三种：主题句、发展句和结论句。主题句由 topic＋controlling idea 构成，应该具有高度的概括性，能统领下面的发展句。

例如：The harmful effects of addicting to Internet are obvious.

这个主题句的 topic 是 addicting to Internet，它的 controlling idea 是 harmful effects。因此，跟在该主题句后面的扩展句都必须围绕着 harmful effects 来展开。发展句是对主题句的进一步阐述、说明和论证起到支撑作用的句子。通常可通过举例、对比法、因果法、类比法等方法对主题句进行说明或论证。结论句往往是对该段进行总结的句子，可以采用重申主题、提出解决方案或呼吁号召等方式进行。结论句不宜写得太长或再加进一些新的细节，而只需要用几句概括性的话语总结段落。

以下实例将说明主题句、发展句和结论句在段落中的具体运用：

(Topic Sentence) Ever since early this century, electricity has become an essential part of our modern life. (Development) For one thing, modern industrial and agricultural production must rely on it. For another, modern traffic, communication and entertainment as well as our daily life have much to do with it. (Conclusion) It can be said that ours is an electric age.

通过以上实例可以清楚地了解主题句、发展句和结论句三者在段落中的不同功能和位置。此外，在写作教学中，教师还应该着重培养学生撰写段落提纲的习惯。写提纲看似浪费时间，其实写好提纲，段落写作就有了保证。因此，段落提纲所占用的时间是必要的。段落提纲写法实例如下：

Topic Sentence: I've decided to drop out of college for a semester and take a job.

First Supporting Point: I need to make some money.

Second Supporting Point: I want some experience in my field.

Additional Supporting Point: I might come back to college with clearer purpose.

Concluding Sentence is needed: ...

了解了段落结构，掌握了段落提纲的写法，在写段落时就比较容易了。

二、段落写作方法

（一）主题句

概括段落中心思想的句子叫作主题句。主题句是段落的核心，它表明作者的态度、观点和意图。

一个段落只允许一个主题或中心思想，表达段落主题或中心思想的句子就是主题句。主题句是段落描写的重心，对段落写作具有制约作用，因此主题句往往具有明确的观点和一定的概括性，以便于用其他句子来解释、描述和分析等。主题句通常放在段首，偶尔也放在段中或段末，有时甚至不表示出来。

写好主题句应遵循以下原则：

1. 意义清楚

一个段落只有一个主题，不要范围太广，不能将两个或更多的主题塞进一个段落中。主题句必须意义清楚、简洁精练。

例1：To read a novel is a thing.

此主题句存在极大缺陷，其中 a novel 和 a thing 内涵范围太广泛，没有限制语，结果意思表达不清，人们可以对此主题句作不同理解，既可以理解为"To read a novel is a hard thing."，亦可理解为"To read an English novel is a hard thing."，或者"To read an English novel is an interesting thing."。

例2：To play any kind of musical instrument, one needs to know something about the instrument.

如同上例，此例中的 musical instrument 和 to know something 由于语义宽泛，缺少具体主题发展方向，易生误解，令人无从下笔，同时也会造成不同的理解。下面几个句子就比较具体清楚：

①To play any kind of drums requires a good sense of rhythm.

②To play a trumpet, one needs to develop a strong lip.

③To play violin I one needs a good ear.

④To play a piano, one needs to spend much time practicing finger exercise.

由此可见，好的主题句一定要具体有所指，才能意义清楚。下文将会进一步探讨这一问题。

2. 具体有所指

主题句的描写范围不应太大，否则就会漫无边际，顾此失彼，无法展开段落。例如：

Learning language is different.（范围太广）

Learning English (French...) is different.

"亚运会"范围很大，涉及的内容太多，并非一个小小的段落所能容纳。面对这样的主题，无法将之写得生动具体，因此必须在此基础上缩小范围。可将主题句范围缩小在"亚运会和运动员""激烈竞争"这两个关键点上。如此缩小范围之后，主题句具体有所指，随后的发展句就会非常顺利。

下面通过实例说明从选题、缩小题目到提炼出段落主题的思维过程：

选择题目：sports

缩小范围：sports—why we play sports

sports meet

the Olympics

competition Ping Pong

缩小到合适的范围：why we play sports—health

fun

money

to avoid studying

产生主题句：

①We play sports mainly for our health.

②Sports activities are beneficial to our health.

③Playing sports is very important to our health.

以上段落主题的思维过程显示，首先应有一个大的范围，然后选择一个段落发展思路，这里有几个选项，可选择第一个"why we play sports"。下一步就是要围绕缩小了的范围寻求一个段落写作的落脚点，这里可选择 health 作为落脚点，明确段落的具体话题，最后主题句就会像浮木，自然浮出水面。虽然形成的主题句这里列举了三个，但是它们都围绕同一个主题——体育与健康。

3.用好段落扩展的关键词

用好段落扩展的关键词。关键词可以控制或制约段落主题句的扩展方向，否则段落就无法扩展或方向不明。例如："Spring is a season."就是一个没有鲜明主题的主题句，因为它缺少关键词，内容无所指，无法扩展。如果给其加上关键词，改成"Spring is the most pleasant season of the year."就成为一个很好的主题句，因为它不仅可以扩展，而且决定了主题发展的方向和范围：the reason why spring is the most pleasant season of the year。

4.避免客观事实句充当主题句

主题句陈述作者的观点、看法或意图，因此带有一定的主观色彩。例如"Of all provinces in China, Yunnan has the most beautiful scenery."客观陈述了一种事实，没有作者的主观色彩，因此它不是一个好的主题句。如果修改一下，融入作者主观色彩，效果就会不一样了："What impressed me even more than the scenery was the bloom the town was having."

从以上实例可以看出，如果表述客观事实的句子不含有制约意义的关键词，就无法决定其主题发展的方向和范围，无扩展余地，不能成为主题句。例如："Spring is a season."和"Labor Day is May Day."这两句都是较为明显的客观事实句，因而不含有作者的主观意图或看法，所以不是主题句。

总之，以上四种写法相互联系、相互补充、相互依存，构成了围绕主题句的各个要素的综合体，写作时要综合运用。主题句是纲，对段落写作至关重要。在写作教学中，教师教会学生写好主题句意味着段落写作成功了一半。

（二）发展句

发展句是指一个段落中主题句以外的说明中心思想的其他句子，这类句子包含一系列的细节材料，这些细节材料与主题句中的主导思想是密切相关的，它们可以以多种形式给出。主题要想得到发展只能依靠发展句。发展句是段落的血与肉，它和主题句唇齿相依、相辅相成。

发展句有自身的特征。首先，发展句是主题句的延伸，无论采用何种写作手段和技巧，都不能脱离主题句限定的范围。写作时，如果学生的思路紊乱，脱离主题，不能围绕主题精心选材和安排，即使主题句写得好，段落的整体效果也会受到影响。其次，发展句构建整个段落，拓展主题思想。缺少了发展句的支持，或发展句不够充分，段落就会势单力薄，主题句就会黯然失色，缺乏说服力。当然，发展句并非越多越好，如果太多，段落就会显得繁杂，重点不突出，从而不利于中心思想的表达。因此，发展句的多少一定要适当，一切都应以充分及恰当表达主题为原则，才能发挥发展句的正常效能，才能使读者充分了解段落中心思想和作者的本意。最后，好的发展句群具有层次分明、逻辑性强的特点，并非句子的简单排列组合及无序堆积，而是以主题为线索的有条理的句群组合，是主题具有说服力的有力保证。

综上所述，在段落中占篇幅最长的是发展句。在写发展句时，教师应时刻提醒学生，必须遵循主题句中关键词所提供的写作思路和范围，紧紧围绕主题句的中心思想来进行叙述、说明或论述。发展句必须明确、具体，同时能深化主题句。

发展句由零碎的细节句群构成，如何巧妙使其构建的段落生动精彩取决于高超的写作技巧。采用何种写法是由主题句的关键词所决定的，写发展句时应以此为基础，巧妙、灵活、恰当地选择最佳写法。

发展句的具体写作技法如下：

1.细节法

细节法指让支持句用提供细节的方法阐明主题句。此法适用范围广，较为常用。通过对文章主题的具体细节，它可以对一次经历、一条信息、一个事件或观点等进行详细描述、解释或说明。常用的具体细节有事实方面的细节和细节方面的细节两种。

所谓事实方面的细节，是指在写作中采用包括真实的数字、统计量或简单的原因等细节，丰富文章的内涵。例如：

Americans smoke six billion cigarettes every year (1970 figures). This is roughly the equivalent of 4,195 cigarettes a year for every person in the country 18 years of age or more. It is estimated that 51% of American men smoke, compared with 34% of American women.

本段落通过具体统计数字，用事实来说明主题句，客观翔实，很有说服力。

所谓细节方面的细节，是指在写作中采用包括例子、经历或事件、事物、习俗及容貌等细节，丰富文章的内涵。例如：

Whenever you buy a gift, you should always consider the interest of the receiver.

例1：For example, if you are buying a birthday present for a friend who likes detective stories, you might select "The Adventure of Sherlock Holmes" or "The case of the Red

Rooster".

例 2：If, on the other hand, you are choosing a gift for your little cousin who likes to play "Cowboys and Indians", you might decide upon a cap pistol, a toy sheriff's badge, or an Indian Suit.

例 3：Similarly, if you must choose a gift for your Mother's Day, you should remember that she especially likes new things for her kitchens. You can please her by buying a novelty cooky jar or a new gadget for slicing potatoes.

本段落通过三个例子围绕展开段落叙述，说明不同对象要买不同的礼物这个主题，与主题句相互照应，很有说服力。

2.顺序法

如果长句的叙述层次依次相接，跟汉语相近，就可按原句的层次顺序翻译。发展句的顺序直接影响段落的连贯性和主题句的说服力。在段落中，发展句之间有一种逻辑关系。因此，在发展段落时需要把各句按一定的顺序排列起来，以使句子自然流畅。常用的段落顺序有时间顺序、空间顺序和重要性顺序三种。在具体的写作过程中，采用何种顺序取决于主题句的性质及其发展态势。

所谓时间顺序，是指在段落写作中应按一定的时间安排相关的语言材料。例如：

（主题句对事件发生的时间定位）A few years ago, I joined seven other boys and girls on a trip to some caves.（顺序 1）We dark, and we were frightened and hungry.（顺序 2）We built a fire and toasted some hot dogs over the fire.（顺序 3）They tasted very good with our hot coffee.（顺序 4）After the meal we sat around the fire and sang songs.（顺序 5）Then we moved our gear into the caves.（顺序 6）We unrolled our sleeping bags and crawled into them.（结论句）We felt warm and safe there.

此段落中的六个发展句按照时间先后顺序展开排列，显得条理清楚，富有连贯性。当讲故事或描述事件经过时，此法为最容易和最清楚的写作手法。

在写作时，教师还应提醒学生，写作时要有效地利用时间副词，如 first、second、third、in the first place、in the second place、at first、then、later on、finally 等，以使段落显得通顺流畅，事件之间过渡自然。

所谓空间顺序，是指在静态观察的基础上按描写对象各个组成部分、空间位置的顺序来写。例如：

（句首确定描述对象）This is a formal dining room.（顺序1）It is medium-sized.（顺序2）The table, which is round, is in the middle of the room.（顺序3）The chair are around the table, and the tablecloth is on the table.（顺序4）The china closet is on the left of the table.（顺序5）The glasses and china are on the shelves and in the cabinet.（顺序6）The buffet is in back of the table.（顺序7）The large picture, which is above the buffet, is between the two small pictures.（顺序8）The plant is on the floor to the right of the buffet.（顺序9）It is in the corner.

　　此段落采用由远到近的空间顺序进行描述，物体的空间关系条理清楚。还可以采用相反的顺序进行叙述，即采用由近到远的空间顺序进行描述，好像用摄像机从某个局部到全景，使读者阅读时产生清晰的空间印象。

　　同样，采用空间顺序写作技巧写作时也要注意相关的空间关系过渡词语。这类常见的介词和介词短语有：across、at、beside、between、close to、from...to...、in the middle (of)、inside、on the opposite side、opposite to、outside、over、to the left、on the left、above、below、over、under、beneath、in front of、at the back of、in the front、next to、nearby 等。这类过渡词语可增强读者的方位感。

　　所谓重要性顺序，是指作者在论述过程中将自己的论据材料按其重要性进行排列。一般是先叙述不重要的情节，最后叙述最重要的情节，使其叙述达到高潮和顶点。例如：

　　（主题句）The generation gap has appeared in our society.（最重要）One important cause of the generation gap is the opportunity that young people have to choose their own life-styles.（次要）Another cause is that in our upwardly mobile society, parents often expect their children to do better than they did.（最次要）Finally, the speed at which changes: take place in our society is another cause of the gap between the generation.

　　此段落采用从最重要原因到最次要原因的顺序进行描述，主次安排灵活得当，具有很强的说服力。如同空间顺序的写作手法，依照重要性顺序方法写作也可以逆向为之，即从最次要描写到最重要描写，如果运用得当，能起到异曲同工的效果。

　　3.因果法

　　因果法是说明文和议论文扩展段落最常用的方法之一。使用这一方法时，可以在主题句中先给出结果，然后在发展句中陈述造成这个结果的原因。当然也可以反其道而行之，先在主题句中给出原因，而后在发展句中给出结果。

第一种因果顺序，即原因在前，结果在后。可以通过分析下面的实例说明：

（原因）Cigarette smoke contains nicotine, several cancer producing or irritating substances and carbon monoxide gas.（结果1）Damage to the lining of the bronchial tubes is much more common among cigarette smokers man nonsmokers even when there is no obvious disease. Some of these changes are considered to be pre-cancerous.（结果2）Lung function is generally reduced among cigarette smokers.（主题句）Cigarette smoking is a greater hazard than other factors-such as community air pollution-in the causation of lung cancer and chronic bronchitis.

本段采用"原因—多结果—点明主题"的推理顺序，将结果置于发展句中详述，给予强调。这样论述吸烟的危害性颇具说服力。

第二种因果顺序，即原因在后，结果在前。可以通过分析下面的实例说明：

（主题句表明结果）More people are collecting coins than ever before.（原因1）The precious metals they contain are steadily increasing in value, making even plentiful coins worth more.（原因2）Compared to other collectibles, they can be secured and traded relatively easily.（原因3）Finally, not only collectors but family members and friends find coins beautiful and unusual.

本段将结果置于句首，引起读者关注，然后在发展句中强调了原因，并对此逐条分析。这样显得重点突出、条理分明。

因果法除顺序有上述变化之外，其段落的模式有：一因一果、一因多果、多因一果和多因多果。不过需要重视的是，内容决定形式。

4.比较与对比法

比较是指出两个人、事物之间的异同，对比则是找出两个人、事物之间的差异或同一个人、事物的两个不同方面作对比或对照。比较与对比的段落展开方式有三种：甲乙双方分开集中描述、甲乙双方同时描述，逐点分析、比较和对比交替运用。

关于第一种模式（甲乙双方分开集中描述），例如：

（甲方1）It is easy to be a winner.（甲方2）A winner can show his joy publicly.（甲方3）He can laugh, sing and dance, and celebrate his victory.（甲方4）People love to be with winners.（甲方5）Winners are never lonely.（乙方1）Unlike winners, losers are the lonely ones of the world.（乙方2）It is difficult to face defeat with dignity.（乙方3）Losers can not show their disappointment publicly.（乙方 4）They can nor cry or grieve about their defeat.（乙方 5）They must suffer privately, but they must be composed in public.（乙方 6）They have nothing to celebrate and no one to share their sadness.

　　本段通过对比的手法说明胜利者和失败者的不同遭遇。首先集中介绍胜利者（甲方），然后集中介绍失败者（乙方），显得既有对比又有整体的效果。

　　关于第二种模式（甲乙双方同时描述，逐点分析），例如：

　　（确定对比对象）I have two friends, Li and Wang.（甲方 1）Li has many hobbies, such as stamp collecting and playing the violin.（乙方 1）Wang also likes stamp collecting and music, but he plays the flute, and he is fond of painting.（甲乙双方 2）Both Li and Wang like traveling so much and have traveled far and wide in our country.（甲乙双方 3）Li is an athlete on the school tennis, while Wang is the lead player of the school's basketball team.（甲乙双方 4）In addition, Li and Wang both like to tell jokes.

　　本段主要通过比较的手法同时及逐点地介绍 Li 和 Wang 的相同爱好及其差异，层次分明、比较适当、清楚易懂。

　　关于第三种模式（比较和对比交替运用），例如：

　　（主题句）The camera and the eye are similar in many different respects.（比较相同点）They both need light rays in order to function, have a sensitive surface on which the image is formed.（比较不同点）As in a camera, the retina is inverted. However, the eye is more flexible than the camera.It can adapt more quickly to a wider range of light conditions.（比较相同点）Both the camera and the eye can register small objects and distant objects.（比较不同点）The camera performs these functions better than the eyes.

　　本段比较与对比交替使用，从主题句和发展句的重点来看，作者主要强调相同点。虽然比较和对比交替运用既有相同点，又有不同点，但是整个段落错落有致，一点也不零乱。

　　5.其他技巧

　　展开段落的方法和技巧很多，上文仅仅涉及了四种。此外，如例证法、论证法、定义法、过程法、分类法、分题法等，都是大学英语写作常见与常用的技巧。这些技巧尽管在个性方面与上文论述的技巧各有不同，但是在共性方面是一致的，即都根据主题表达中心思想。因此，在写作教学中，教师应根据教学实际情况，因地制宜地穿插讲授这些技巧，全面培养学生的写作能力。

（三）结论句

结论句就是在自然段的末尾对段落内容进行总结的句子。虽然并非所有的自然段都有结论句，但是一个好的结论句能起到强化主题、首尾呼应的作用。总之，结论句必须和段落的主题统一，自然通顺，长度适度。

综上所述，结论句是段落主题的总结，其作用如下：

第一，呼应或再次确认主题句。

第二，对段落的发展部分进行概括总结。

第三，承上启下。

写作结论句时，和发展句一样，也要紧紧抓住主题句关键词，回答主题句或段落主题所暗示的问题。

第三节　短文写作

短文是大学英语写作的重要环节。短文写得是否成功，和遣词造句、段落写作手法密切相关。可以说，句子写作和段落写作技能是短文写作成功的保证。

这里将重点探讨短文写作谋篇技巧和常见的写作题型。

一、谋篇技巧

掌握了句子与段落写作的基本技能后，关键是要研究谋篇技巧，只有这样才能写出符合要求的好文章来。所谓谋篇，是指写作时对内容进行筹划与构思，然后落笔成文的过程。具体来说，在短文写作过程中要把握以下几个步骤：

（一）仔细审题

　　审题似乎是一个老生常谈的话题，但却十分重要。之所以要审题，并非由于完全看不懂题目，而是通过仔细审题可以捕捉到问题的核心。首先，要看清作文题目与要求，切记不要提笔就写，根本不审题目。审题是短文写作过程中必不可少的步骤，如果对审题掉以轻心，会导致整个短文写作的失败。其次，要认真理解作文题目，仔细研究和琢磨能确定写作方向或中心思想的任何线索，如标题、主题句、体现支配思想的关键词等，这样才能做到胸有成竹，进而落笔成文。换言之，就是要抓住重点，写得切题，否则即使语言应用错误很少，短文内容也会漫无边际，缺乏逻辑与连贯性。

（二）确定中心思想

　　在确定一篇文章的中心思想时，我们通常用快读的方法，从头至尾将全文浏览一遍，注意不要被个别词、句难住而停下来，要根据上下文的连贯意思来进行理解，这样就可以比较有把握地概括出中心思想了。

（三）段落划分

　　大学英语作文往往采取有指导的写作形式。这样的写作形式通常要求学生将短文写成三段式。所以，学生写作时要看清作文题目对段落划分的要求，如果题目要求写成三段式，就要按要求写。由于大学英语作文有自身的特点，如果题目对段落无明确要求，则以三段或四段为宜。另外，如果是在考试中，对写作时间会有明确的限制，鉴于此，要充分利用宝贵的时间进行段落划分。

（四）拟写提纲

　　撰写前应先拟提纲，决定先写什么，后写什么，哪些应重点阐明，哪些地方融入自己的观点，哪些地方可以省略或几笔带过，重点阐述处应适当分几个小标题。拟写的提纲可以详细一点，边推敲边修改，多一遍思考，就会多一分收获。

　　拟写提纲时，要进行内容与层次的构思，将与作文题目有关的已有知识或信息调配出来，并按一定的逻辑顺序排列，最后写出统领全文的提纲。提纲的繁简取决于学生自身的需要和能力。根据其需要和能力，提纲既可以是详细完整的，也可以是粗略的。当然，学生如果对某个题目非常熟悉，胸有成竹，不拟写提纲也无可厚非。

（五）落笔成文与通篇检查

在仔细审题后确定中心思想，应进行段落划分，形成提纲，然后运用句子写作和段落写作的技巧，完成最后的写作任务。至此，短文写作的谋篇已基本完成，关键要看学生的具体句子与段落是否写得恰当。学生应尽量减少拼写、标点符号、字母大小写以及各种语法错误。只要谋篇得当，具体的句子与段落无重大错误，写出好的短文就是自然而然的事了。

最后，学生一定要抽出时间将写好的短文通篇检查一下，而且要认真仔细。切记任何人都不可能一遍就把短文写得完美无缺。通篇检查可以防止出现不必要的语言与内容方面的错误，使短文更加完美。通篇检查时，下列问题应在考虑范围之内：

第一，若需要写出主题句，主题句写得是否合乎标准，主题思想表达得是否明确。

第二，发展句是否得到应有的扩展，段落是否紧扣主题。

第三，结论句是否恰当合理，是否能与主题产生回应。

第四，句子排列顺序是否合理、符合逻辑。

第五，思想是否连贯。

第六，词与词、句与句、段与段之间是否连贯自然，层次是否分明，写法是否简练。

第七，语法是否正确（包括句式、主谓一致、代词一致、时态、语态、语气等）。

第八，拼写、大小写、标点符号是否正确。

如果符合上述要求，就是一篇好的作文，获得好评就在情理之中了。

二、常见写作题型

根据各种题型的出现频率，结合教学实践，下文探讨几种常见的写作题型。

（一）段首句作文

段首句作文也叫主题句作文，可以看作提纲式作文的前身。段首句作文其实已经完成了主题句的写作，是提纲式作文的半成品。学生只要正确理解所给句子，抓住句中的关键词，对主题句进行正确的扩展就可以了。

段首句作文是大学英语写作最常见的一种形式。有时，段首句不是一个完整的句子，或者最后一段没有段首句，只有结论句，但是整个布局和写作方法不变。写好段首句作文一般遵循以下几个规则：

第一，紧扣主题句所点明的中心思想，不可偏离，同时在发展句中为主题句提供事例或细节等。

第二，搞清主题句之间的内在联系。

第三，明确关键词的内涵，确定写作层次。

例如：

An Early Morning Walk

①One morning, I got up very early, and everything around was very quiet…

②When I arrived at the park, I found, to my surprise, that there were so many people there…

③…Take early morning walk makes a man healthy and wise.

在审题、确定中心思想、划分段落和拟写提纲之后，就可以对各段落进行描写。

第一段应重点写周围物质世界的"静"（quiet）。因此要用可以表现静的细节来描写早晨周围的环境，如在街上漫步时无行人车辆，无喧闹声及车辆声，周围的一切非常安静。

第二段的写作重点是突出"惊奇"（surprise），和第一段描述的"静"（quiet）形成对照，即用能使主人公吃惊的动态细节和第一段的静态环境形成鲜明对比。这样，可表现出早晨公园晨练的生机盎然的景象，以顺利向下一段过渡。

第三段的结尾句为谚语，表示早晨散步有益于身心健康。根据此谚语的内容，写作重点应围绕"愉快的心情"来写，逐渐向结尾句平稳过渡。此时，主人公因为早晨的散步而感到精神抖擞，由此自然会想起这句英国谚语了。

An Early Morning Walk

One morning, I got up very early, and everything around was very quiet. I decided to go to the park for a change. When I was walking in the street, no cars or walkers could be seen at all. There was no wind and trees made no stir. No voice could be heard except a cock nearby heralding the break of a day. Everything was strangely quiet.

When I arrived at the park, I found, to my surprise, that there were so many people there. Many of my schoolmates were running, talking or doing morning exercises. Over there a group of old men and women were doing Taijiquan boxing. Not far away, an old boxer was showing young fellows how to do swordplay. The air was so cool and enjoyable and the atmosphere was warm and cheerful.

The sun was slowly rising in the east. I left the park and slowly began walking home, feeling much refreshed and energetic. The old English saying suddenly crept into my mind: early to bed and early to rise, makes a man healthy, wealthy and wise. Certainly I was not much wealthier for that, but I was fully convinced that taking an early morning walk makes a man healthy and wise.

此范文很好地按照上述三项原则巧妙构思，将日常生活中所见到的普遍现象描写得惟妙惟肖，富有启发意义。

（二）情境命题作文

情境作文要求学生根据所提供的情境来进行写作。情境作文的特点是文章的中心思想和信息都在提供的情境中得到暗示，学生不必为文章的思路和内容花费太多的时间，从而可以更好地将精力集中于篇章结构的组织和语言的表达上。这种题型集合了情境作文和命题作文的长处，借用情境作文对内容的限定性增强了命题作文的指导性。单纯的命题作文只提供标题，同时要求紧紧围绕题目且符合题意。虽然学生写命题作文时按要求围绕题目写文章，但是命题作文缺乏指导性，作文的具体内容还是因人而异，无法达到完全统一。尤其是在大规模的统考中，命题作文对阅卷工作极为不利，而借用情境对命题作文的内容进行一定的限制，增强对学生具体写作的指导性，对大学英语教学和大规模统考都有裨益。因此，情境命题作文一直是大学英语教学和大规模统考采用最多的题型。

情境命题作文通常先给出标题，然后用中文进行一定的情境限定，中文对内容的限定通常用3~4句话表示出来，其作用相当于主题句或一个简单的提纲。学生在写作时要在中文提示的指导下围绕标题来写，写作方法基本和段首句作文一致。

例如：

Directions：

①烟的危害（如 cancer、health problems、death 等）。

②对他人的影响（如 second-hand smoker 等）。

③解决办法（如 no-smoking section）。

题目：Smoking and Health

此情境命题作文给出了一个中文写作大纲。这个纲要实际上规定了情境，限定了写作内容。首先，从标题分析，应着重写吸烟与健康的关系。其次，将短文分成三段，依次写吸烟的"危害性""影响性"及处理吸烟与健康的"解决办法"。这些都是短文写作时应围绕的中心思想，它们就像主题句的关键词一样，支配着整个短文的写作大方向。

Smoking and Health

We all know that cigarette smoking is a dangerous habit because it causes health problems. Doctors say it can be a direct cause of cancer of lungs and throats and can also contribute to cancer of other organs. Besides, it can bring about other health problems such as heart lung diseases. It is clearly identified as one of the chief cause of death in our society.

Smoking is a killer not only among smokers, but also among the nearby nonsmokers. The nonsmokers often find themselves exposed to the second-hand smoke. This will add to deaths from cancer and other diseases related to smoking.

For the sake of public health, it is time to take actions to eliminate the cause of death. Before we succeed in persuading smokers to give up the habit, we should at least set up "no smoking" sections, and prohibit smoking in public places.

（三）其他常见作文题型

以上所述段首句作文和情境命题作文都是大学英语教学中的常见题型，尤其是后者，在近年来最为常见。除此之外，大学英语教学中常见的题型还有下文所列的其他五种形式。这五种题型虽然采用频率不如上述两种高，但也是学生应当了解与重视的。在写作原则及具体写作技巧方面，这五种题型的写作方法与上述两种题型都是一致的，只是审题的思路角度不同而已。下文将探讨这五种题型的特征。

1.命题作文

英语命题作文的写法与汉语的命题作文相似。它不受任何附加要求的限制，束缚较少，便于构思与表达，但容易偏题，与作文要求不一致，因而不利于在大规模测试中应用。它的测试目的是针对标题含义写出符合题意的短文。学生写作时应注意反复领会指定的标题含义，确定写作范围，然后紧紧围绕题目写出符合题意的短文。

2.情境作文

一般来说，这类作文没有具体标题，只是在试题中规定出一定的情境，文章表达的主题和有关信息都是通过所提供的情境来展示的。它是用中文或英文提供一定的事件起因、场所以及有关信息，把作文的内容限定在一定范围内。因此，学生在写作时，要弄清情境，主次分明，按情境的要求来写，避免答非所问。

3.关键词作文

它主要测试学生的语言组织能力，看其是否能以有限的词或短语为线索，写出符合要求的短文。在写这样的作文时，首先要利用所给线索，揣摩单词与单词之间的内在联系，再由单词推导出句子，从句子与句子之间的关系构思出段落思想内容的层次，把句子衔接成段，再把段组成短文，表达出题目要求的意思来。题目中所给的关键词是构成短文的基本单词，利用关键词进行联想，可以构思出短文轮廓，确定短文所涉及的范围和基本内容。

4.看图作文

看图作文主要测试学生的想象力与思维能力。该题型要求学生以图画为线索，根据所给图画（有时结合所给关键词）进行写作。写作的关键在于通过图画提供的信息，分析作文主题及意义层次，然后分段写成短文。分析时，要把标题与图画统一起来，弄清图画的含义，把握图画的重点部分，否则会偏离主题。

5.看图表作文

看图表作文指的是在给出写作标题的同时，给出图画、表格或曲线图，可能同时给出一定的情境，也可能不给。该题型写作的关键是充分利用图表文字提供的关键词或数字，通过对比分析表中的文字或数字，从中发现要表达的内容，最后得出结论。和看图作文一样，写作时要把图表和标题结合起来，以标题为基础，归纳分析图表，分清层次，写出切题的作文。

以上五种写作题型的谋篇技巧、主题句的提炼、发展句的扩展以及结论句的写法，均可以互相借鉴。总之，形式上的变化并不影响方法上的变通，无论何种写作题型，其基本的写作方法相同。

第六章　大学英语阅读教学实践

第一节　阅读教学方法

阅读是读者通过认识和理解代表作者思想和观点的文字符号而在自己的头脑中建立意义的心理活动过程，是一个不断假设、证实、想象、推理的积极、能动的认知过程。在英语语言基本能力中，阅读能力是信息获取的重要手段之一，是学生从书面语言中汲取信息的有效途径。阅读教学在中国外语教学环境中始终处于重要地位。大学英语的一项重要教学目标就是使学生具有较强的阅读能力，能以英语为工具，获取专业所需信息，提高综合文化素养，适应我国经济社会发展和国际交流的需要。这一目标其实也是对英语教师的明确要求。

学生的英语综合应用能力中，阅读能力是非常重要的。本节就对英语阅读教学方法进行一些探讨。

一、我国大学英语阅读教学

从 20 世纪 50 年代至今，我国大学英语阅读教学中常见的课堂教学组织模式有下列几种：

（一）传统英语教学法

长期受传统的描写语言学和结构主义语言学的影响，我国的外语教学一直把语言作为一个完整体系来教授，采用的传统教学模式包括：①教师讲解生词；②教师讲解语法；③教师通过句子分析来讲解课文；④问与答；⑤练习。这种传统的课文教学以教师为中心，以语法为纲，以句子的分析讲解为主，强调语法和翻译的重要性，常把阅读与翻译等同起来，采用对号入座的方法把英语的每一个词或句子替换成汉语的词和句子。这种教学法只注重语言系统知识的传授，忽视交际能力的培养；只注重理解，忽视应用；只注重句子，忽视篇章；只注重准确，忽视流利程度；只注重质量，忽视数量。造成的结果是学生的注意力大多放在语法、词汇与单句的分析、理解和翻译上，缺乏对整篇文章的综合理解。

（二）常规英语教学法

在我国盛行多年的另外一种阅读教学法，即常规英语教学法。教师首先要求学生课前对课文进行预习，课堂上教师讲解语言点或逐句逐段串译，突出语言点，用问答方式让学生熟悉课文，并让学生做相应的阅读练习。这种方法明显优于传统英语教学法，但仍未改变课堂上教师讲、学生记的总体模式。听教师讲不等于阅读实践，教师讲透语言知识也不等于上好了阅读课。

（三）听说教学法

20世纪60年代，人们对传统英语教学法提出异议，认为这种教学程序不能很好地培养和提高学生的阅读技能，于是在教学中采用了结构主义的听说法的理论，提出了"听说领先"的理念，注重句型训练和听说能力的培养，从而促进学生阅读技能的提高。课堂上教学通常采取如下步骤：①Listening；②Oral Practice；③Pattern Drills；④Looking at the Written Script；⑤Further Practice in a Controlled Context。这种教学程序在一定程度上提高了学生的听说能力、阅读能力，但它仅适用于基础阶段。

（四）阅读教学六步骤

近年来，我国的一些高校在总结国内外阅读教学经验的基础上，根据学生的实际情况和教学目的先后对阅读程序进行了有意义的尝试，采用了阅读教学六步骤：①调动兴趣（Motivating）；②快速阅读（Reading）；③初步检查（Checking）；④评析讨论（Discussion）；⑤重点练习（Exercises）；⑥综合性活动（Follow up Activities）。这一教学方法简称为MRCDEF六步教学法。该教学法要求学生在课堂上阅读，并且阅读要在教师的指导下在规定时间内完成。

这种阅读程序对学生克服不良的阅读习惯、培养正确的阅读习惯起到了积极作用。

同时，许多教师开始将注意力从单纯的语言知识传授转向培养学生获取信息的能力，摒弃了长期统治我国英语课堂教学的"三段教学法"（单词讲解—课文分析—课堂练习）。

（五）语篇教学法

语篇教学法是近年来国外新的教学思想、原则和方法（如功能意念法和交际教学法）传入我国后产生的一种教学方法。语篇教学的目的在于培养学生理解作者的观点、意图，使学生具有通览全篇的能力，并且注意力主要在"篇"，而不在"句"，在文章的"意"，而不在语法点上。语篇教学以语篇分析为主，就是从语段的篇章结构入手，分析句子之间、段落之间的衔接和相关意义及逻辑思维的连贯，使学生理解和掌握其中的基础语言现象所体现的交际功能，并从语言交际的动态环境中掌握基础语言现象。

一般来说，语篇是篇章结构中的最高层次，句子是最低层次，而段落则是二者之间的中间结构单位。在语篇教学中，学生除了具备一定的语言基础知识，还应了解一定的英美文化知识。所以在语篇教学中，教师应首先向学生介绍一些必要的背景知识、风土人情和文化习俗等。

二、国外语言学理论对阅读教学的影响

20 世纪 60 年代以来，国外语言学家十分重视对阅读理论的研究，著名心理学家和教育学家布鲁姆认为："读者在自己具有的背景知识之中，通过语言活动达到对所读材料的理解，然后把信息应用到新情况和实际中去，再对信息进行比较和分析，然后进行综合和推论，最后对作者的观点和写作态度进行评估。"由此可以看出，阅读理解不仅是一种纯语言活动，而且是一系列思维、判断、认知和理论等彼此关联的综合过程。其中，背景知识和综合能力起着极其重要的作用。有学者认为，阅读不仅是获得信息的过程，而且是解释信息的过程。读者对阅读材料的理解取决于其原有的背景知识和语言信息的重要性。

20 世纪 70 年代初期，国外外语教学出现了一个令人瞩目的新趋势——教学研究的重点从教师转向学生，交际教学法问世。这种教学法反对传统的机械式操作，注意调动学生的积极性，其目的是培养学生的交际能力，在整个教学过程中，一切由学生本人去

经历，而教师只是课堂活动的组织者和促进者。这种教学方法是在其他教学思想原则和方法的基础上发展起来的，是语言理论和外语教学深入发展的结果，在世界各国的外语教学中受到普遍重视，成为当前影响最大、流行最广的教学法之一。随着交际教学法的兴起，许多国外学者、专家对阅读教学提出了不少有影响力的教学程序。哈默认为，阅读教学可采用五个步骤：①Lead-in；②Teacher Directs Comprehension Task；③Students Read for Task；④Teacher Directs Feedback；⑤Teacher Directs Text-related Task。这种教学程序的特点是：它要求以完成任务来补充、代替过去单调的一问一答的课堂活动。由于其形式比较新颖，学生愿意主动思考和积极配合。该教学程序重视对学生的技能训练，在完成任务的过程中，学生积极开动脑筋，在不知不觉中培养和训练阅读技能。

20 世纪 70 年代中期，现代图式理论产生。图式对整个阅读过程产生极大影响，其作用主要表现在剪辑和提取计划上。对阅读理解来说，图式是一种非常重要的心理因素。根据这种理论，读者不是逐字逐句地去理解记忆，而是剪除掉了输入材料的许多细节，保留其基本意义，通过图式一级剪辑对文章进行了意义的编码，经过图式的二级剪辑，对接受的文章内容进行组织加工，使读者完成认码、解码、预测、验证、重复，直至理解整篇文章。

在阅读教学方面，许多国外学者同样提出了多种有影响的教学程序和方法。21 世纪初，麦克·维斯特（Michael West）在改进传统的朗读法的基础上提出阅读教学的六个步骤：①New words；②Questions；③Reads；④Written Answers；⑤Extra Questions；⑥Read Aloud。教师根据这些步骤，围绕课文向学生提出问题，让学生带着问题有目的地去阅读课文。

三、阅读教学改革探讨

根据大学英语教学的特点，阅读的任务在于提高学生的阅读理解能力，培养学生细致观察语言的习惯，以及假设、判断、分析归纳、推理验证等逻辑思维能力，培养学生速读的能力，激发学生阅读的兴趣，扩大学生的词汇量，增加其文化背景知识。在教学方法方面，笔者认为，无论采取何种教学方法，都必须充分调动学生学习的积极性和主动性，培养学生的阅读能力。

长期以来，我国大学英语阅读教学大都采用传统的教学法，以精读课为主，在精读课上投入了大量的人力、物力和时间，教学方法单一，课堂上以教师为中心，侧重语言技巧训练，尤其是词汇讲解，忽视文章的主题思想和语篇布局，把阅读看成单纯的语言活动。这种传统的教学法只能使学生认识语言，而认识语言并不等于掌握语言。结果，学生获取的信息量小，阅读速度上不去，知识面狭窄，分析能力差。显然，这种教学方法不符合当今时代的要求，更不能有效提高学生的交际能力。因此，这种现状必须在教学中加以改变，逐步采用新的教学方法，如语篇教学法。

语篇教学是提高学生概念能力的有效途径。概念能力指的是读者在阅读过程中把零星的信息升华为概念的能力。现代阅读理论认为，阅读理解实际上是一个人的概念能力、背景知识和加工策略三者之间相互作用的结果。其中，概念能力和背景知识是最重要的。语篇教学法属于功能意念教学的范畴，其指导理论是语言学中语义宏观结构理论和语用宏观结构理论。根据语义宏观结构理论，在教学中，教师将注意力首先集中在引导学生抓住作者的主体思想和中心主题上，然后讲解和分析词、短语和句子的意义及惯用法。同样，根据语用宏观结构理论，运用语用分析进行教学有助于提高语言技巧训练的效率，克服单独讲解语言形式的弊端，使学生能有效、得体地使用语言。

采用语篇教学法可使学生摆脱对教师和教材的依赖，改变学生以往在课堂上只听不问、只记不说的习惯，使学生从词汇和句子中走出来，根据文章体裁和课文信息来分析判断综合语篇大意，达到提高阅读速度和理解准确度的目的。在课堂上，教师成了组织者和指导者。据此，教师应当要求学生尽可能快地从阅读材料中得到重点信息，在引导学生掌握语言基础知识的同时，让他们掌握把语言基础知识与其他各种知识结合起来的能力。教师在讲授基础知识和强调语言共核的同时，还要注意阐明篇章结构，点出中心思想和段落大意，教会学生识别主题句，掌握文章的篇章结构、基本内容和中心思想，摸清作者的思维脉络以及词和句子的衔接手段等。

在大学英语阅读教学中，教师的认真指导和学生的积极配合十分重要。有了师生双方的共同努力，才能取得理想的教学效果。

第二节　大学英语阅读教学实践要点

　　大学英语阅读课是大学英语系列课程中的主课，处于重要地位，特别在英语学习的基础阶段非常关键。著名英语教育专家李观仪曾经形象生动地比喻道："语言基础好比大树的根和干，有了根和干才能枝繁叶茂。"20 世纪 80 年代以来，国内外许多学者都强调了语言基础的重要性。他们认为，学生必须有一个最低限量的词汇、语法和语音知识，否则无法顺利完成交际。而学生的语言基础及语言的进一步发展在某种程度上取决于阅读的作用。

　　根据目前关于阅读课课型的一种观点，阅读还是一门综合课，它不仅能帮助学生打好语言基础，培养其阅读能力，而且能培养学生的听、说、写、译能力。可见，阅读的作用很关键。要发挥阅读在英语教学中的重要作用，以"质"带"量"，不断改进教学方法，提高阅读教学的效率和质量是唯一的出路。

　　下面，笔者总结了几个大学英语阅读教学实践的要点。

一、重视阅读前的预热环节

　　将一篇文章展现给学生并不意味着能引起学生的阅读欲望与兴趣，而阅读前的预热环节则能够激发学生的阅读兴趣。教师可引导学生逐步学会阅读技巧，进行有效阅读。实践证明，阅读前的预热活动是非常有效的。

　　现代图式理论对图式和阅读理解的关系所进行的研究为阅读教学提供了一定的借鉴。所谓图式，即记忆中的知识结构。这里的知识结构既包括文化背景知识，也包括词汇和语法等语言知识。有学者指出，在阅读过程中，图式被激活，并与文章中的知识有意义地联系起来。还有学者提出，如果读者脑中缺乏相应的图式，或未能将其激活，理解就会受到影响。可见，阅读前的预热活动就是激活相应的图式或向学生提供其脑中所缺少的图式。

　　对于语言能力和阅读理解的关系，有学者认为，语言能力是阅读能力的重要组成部分；有学者则认为，成功运用阅读技巧和方法必须具有最低限度的语言能力。因此，语言知识也是阅读前预热环节的必备因素。

论及语言能力问题，有必要将其与语言知识和交际能力划清界限。这里所说的转化是指系统和反复的练习与实践。因为语言知识仅仅是语音、词汇和语法方面的知识，单纯的语言知识是无用的，外语教学的质量主要以学生的语言能力来衡量，而不是学生语言知识的多少。语言知识和语言能力是相互制约的关系。一方面，语言知识是形成语言能力的前提和构成要素；另一方面，语言能力离不开语言知识的指导，没有必要的语言知识，就没有语言能力。由此可见，掌握一定的语言知识是十分必要的，但是掌握语言知识并不等于获得语言能力，两者之间不能画等号，而是需要进行转化。这里的语言知识其实包含了语言能力的含义，或者说在某种意义上指的就是语言能力。

交际能力不同于语言能力。语言能力只是对语言知识的纯技巧性掌握和应用，而交际能力则是在实际中运用语言的能力。所谓功能，是指语言所体现的交际作用。交际需要以功能知识为基础，通过语言能力实现。单纯的语言知识和语言能力不能进行交际。

二、重视文化背景知识教学

语言的发展告诉我们，语言和文化有着密不可分的关系。语言深深地扎根于文化之中，任何语言学习者都无法忽略语言对社会文化的影响，也不能不利用社会文化知识来达到一定的交际目的。语言是文化的重要组成部分，社会文化依托语言这一重要媒介得以发扬、传播。语言作为特殊的符号系统，鲜明地体现了文化的特质，其多样性体现了文化的多样性。

我国学生置身于英美等以英语为母语国家的文化氛围之外，对这些国家的社会文化不够了解。他们面对一篇陌生的课文犹如面对一个陌生人，如果没有介绍其姓名、身份、来自何处以及目的等，他们很难产生了解的欲望。必要的文化背景介绍不仅可以激发学生的兴趣，使他们产生阅读的欲望，而且有助于学生准确把握文章主旨。

在教学中，教师在对文化背景知识进行介绍时要注意学生的可接受性，采取灵活多样的方式对学生进行引导。在讲解一篇新课文之前，教师可以根据标题、作者生平或课文主题等一切可以激发学生兴趣的内容进行发挥，使其对课文产生"读"的欲望。

（一）图画导入法

图画导入法又叫直观导入法，即用课文插图、教学挂图、教学图片、自绘水彩画、粉笔简笔画等导入新课，直观形象，深受学生喜欢。有学者曾对图画在阅读理解导入中的作用进行了实证性研究。他按照英语水平把大学生分为高、中、低三级，每一级又分为三个组，第一组采用图片导入手段，第二组采用关键词导入手段，第三组不采用任何手段。结果表明，采用图片导入手段有较好的效果，尤其是对中级和低级两级的学生有更大的帮助。这个实证性研究结果说明，图画导入法有助于学生对文章内容的理解，尤其对大学英语低年级学生效果更加明显。例如，在教"Sailing Around the World"和"The Woman Who Would Not Tell"时，均可以利用地图进行文化背景知识的讲解。对于前者，通过讲解可以使学生通过 Francis Chichester 的生平来了解其 old dream 的内涵及 going around the world 的决心，通过航行路线及冒险经历来了解冒险家的艰辛与勇气。对于后者，要向学生讲明 American Civil War 的爆发原因和南北互相对峙的背景：美国独立以后，北部的资本主义工业得到发展，而南部却一直实行黑暗、落后的奴隶制度，资本主义制度和奴隶制度这两种不同的社会制度的并存引起了美国社会内部的矛盾，战争不可避免。因此，American Civil War 实际上就是"黑奴解放战争"。这里可采用图画导入法，利用地图帮助学生熟悉原有的地理知识，使学生更好地理解课文。

（二）借题发挥法

借题发挥法依照某一种态势，因势利导地推出公共关系策划。运用借题发挥法能使学生很快把握文章题旨，明确文章的立论方向，准确理解文章内涵。运用借题发挥法要掌握两个要点，一是"借题"，二是"发挥"。在阅读教学实践中，借题发挥法的使用范围非常广泛，只要有利于阅读理解，就可以借文章的暗示，调动一切方法刺激学生的阅读欲望，激发他们的阅读热情。目前的阅读教材基本都设置了 Warm-up Activities，教师可以针对文章大意向学生发问，引导他们抓住全文的中心思想。除了就文章大意进行提问，教师还可以针对标题借题发挥，进行提问。例如，在教"Honesty: Is it Going Out of Style?"时，可先用"Life is a struggle"为题，引导学生认识到自己的生活奋斗目标在于努力学习，以优异的成绩获得文凭学位，然后过渡到考试作弊问题，以引起学生对课文的兴趣，同时结合我国国情，介绍美国大学考试作弊的现象，在此基础上谈论由作弊引起的"诚实是否过时"这一问题就显得比较容易了。此外,引人入胜的文章开头、出人意料的结尾和文章的逻辑顺序等,都是借题发挥的好素材。借题发挥式的提问有两个优点:其一,有利于学生对全文大意的理解;其二,有利于激发学生的阅读兴趣。可以从学生阅读的个人兴趣出发,充分挖掘阅读中的兴趣因素,使学生学有所获,学有所感,感受成功的乐趣。

例如,"Turning Off TV: A Quiet Hour"有这样一句:"Or they might take a walk together (remember feet?) and see the neighborhood with fresh, new eyes."句中似乎没有什么难点,但仔细分析就会发现"remember feet?"有深一层的意思,有些学生对此并不能从实质上去理解。此时,教师应从美国社会现状来解释它的内涵:美国人生活在汽车王国里,他们的生活离不开汽车,很少步行,作者在建议全家人一起去散步时问"还记得自己的脚吗?"就显得非常幽默。再如解释 Yankee 的含义时,应道出其产生的社会文化背景,甚至可用美国歌曲 Yankee Doodle 来激发学生的兴趣,引导他们对文章进行全面正确的理解。

从以上实例不难看出,必要的文化背景知识介绍非常有利于激发学生对所学课文的兴趣。这不仅能帮助学生加深对课文主旨的理解,而且能扩大其知识面。

大学英语阅读课本通常融知识性、趣味性为一体,许多文章都载有丰富的文化背景信息。为了通过语言来领略文章所展示的西方社会,教师不仅要在讲解课文之前介绍必要的文化背景知识,还要对个别句子,甚至单词的文化背景知识进行讲解,否则学生就不容易透彻全面地理解句子,对单词的理解与记忆也会大打折扣,这一点需要引起教师充分的重视。

三、语言点的处理要科学化

阅读教学毕竟是语言教学,旨在帮助学生打好语言基础。而语言点的处理则是阅读教学的中心环节,这一环节直接关系到阅读教学的成果。所谓语言点,就是指课文中出现的要求学生熟练掌握的关键单词、短语和句型。语言点的处理应采用科学的教学方式,遵循省时、省力和恰到好处的原则,易于学生掌握。具体步骤如下:

（一）分清主次，选好语言点

语言点包括语法点、习惯用语和口语表达式，它们常常构成听力理解的障碍。应根据语言点的积极程度及学生的实际接受能力选定适量的、最常用的、容易出错的、要求确切掌握的常用单词、短语及句型，而将其他的一语带过或仅作简单交代。例如，interesting 和 interested 这两个词学生都非常熟悉，但在实际运用过程中并不一定用得准确，类似于这样的语言现象可选定为语言点。再如，在"A Brush with the Law"一课的众多语言现象中，可选 make、due、take one's time、commit、far、turn out、regard...as...、confirm、given、revolve around 和 turn against 作为语言点详细练习，而对其他的语言现象根据情况略加训练。

（二）语言点的释义要确切，教学要精讲多练

精讲多练是提高课堂效率的有效办法。语言点的讲解与操练一定要本着精讲多练的原则，避免过多引申、辨析，否则学生会迷惑，会忽略对课文的理解。所谓精讲，即攻破重点难点。容易、易懂的知识点让学生自学或一带而过，这样讲课可以重点突出、简练有节奏，同时培养学生的信心，激发学生的求知欲。所谓多练，即不要一听而过，而要边听边做练习。学生要明白，做练习的目的是检查自己到底听懂多少。学生要学会举一反三、触类旁通，注重提高自己分析问题和解决问题的能力。对待难点还可以采取演示、图画、计算机辅助等方法，加强直观性、形象性，帮助学生加深理解。有了精讲，会省出更多的时间让学生针对语言点进行练习，使学生真正掌握语言点。除此以外，在课后练习阶段也应针对语言点进行反复练习。

精讲要言简意赅，寥寥数语使学生开窍，但又不能讲得过于简单，说理不透，使学生不能理解和掌握。精讲根据课文内容、知识深浅、学生的可接受性及领悟程度而定。精讲还要提取精华、分析精辟，保证学生能够准确理解。另外，教师要在有限的学时内加大练习力度，做到练中有讲、讲中有练，根据当堂所授内容及时练习巩固。教师还要不失时机地抓好学生课堂训练，因为这是完善课堂教学的重要一环，是调节课堂教学机制的重要手段。教师不仅要鼓励学生大胆实践尝试，而且要做到练中有讲，让学生醒悟，达到强化知识、熟练运用知识的目的。

精讲多练可以极大地发挥学生的主体性，使学生明白他需要对自己的学习负责，进

而产生较强的自主性。但是在课堂上想要取得好的效果，还需在各方面不断探索，如重难点的突破、计算机课件的制作、习题的选编、学生的学情分析等，都需要慢慢摸索，积累经验。

（三）语言点例句的选用应力求实用新颖

例句是语言点教学最基本的材料，实用新颖的典型例句可接受性强，教学目的容易达到，而任意编造、内容陈旧、缺少信息量与哲理性的不实用例句不但不能激发学生的兴趣，反而会引发他们的排斥心理。例如："What's the point of being a teacher/a millionaire?"就属于缺少信息量、无意义及不实用的例句，而"What's the point of talking to her again? She's already made up her mind."在信息量、内容及实用性方面比前者就好多了。再如，"I didn't know biological science had gone that far."是一个普通例句，没有什么新颖之处，但如果略加改动，就会使学习法律的学生，尤其是学习经济法的学生听起来感到亲切、熟悉，并能发其兴趣："I didn't know the study of economic law had gone that far."

大学生的心理发展已基本成熟，他们知识面较广、求知欲强，有较高的鉴赏力。据此，在选用与改编例句时一定要考虑到他们的这些特征。

（四）语言点的操练形式要灵活多样

在阅读教学中，教师要对文章中出现的语言点进行处理。对于这部分内容，传统的教学法是由教师直接解释每个语言点，给出一两个例句，然后让学生翻译或造句，这样的课堂比较枯燥，学生是被动地接受知识。对此，教师应认识到，学生更倾向于主动积极地接受新东西，在讲解语言点前，可以将学生必须掌握的语言点呈现出来，设计一些具有交际性的教学活动，使其积极投入语言点的操练之中。

灵活多样的操练会带来良好的教学效果。灵活多样指的是语言点的操练不拘泥于某一种或几种操练形式，而是根据学生的实际水平和接受能力采用多种形式，交替反复使用。在教学实践中，既有英汉互译这种传统的操练形式，或选择填空、正误对比等比较机械的练习形式，也有情境造句、提问回答、连词成句，甚至连词成篇等较为灵活的形式，以充分调动学生的积极性，避免操练的机械性。遵循灵活多样原则，可以改变传统的语言点教法，无形中教给学生自学的方法，使他们自觉接受知识的空间更大、广度更深。

　　在阅读教学中，把语言点讲清、说透，并使学生灵活准确使用，是提高教学质量的关键之一。教学实践表明：要想真正地把语言点讲清、说透，需要注意使巧劲。随着知识的积累，学生们会见到许多形式相似、意义相近的短语，结果不可避免地产生一些模糊认识。所以，教师很有必要采用对比法，通过叙述或描述两种及两种以上的相关事物之间的相同（相似）之处或不同之处来表达主题。在适当的时候把一些容易混淆的语言点进行对比，使其明晰化和具体化。例如，a number of 和 the number of 这两个短语便是这类短语中的一对。首先，它们所表达的意思不同。前者表示"几个"，而后者表示"达到……的数目"。"I have a number of good friends."（我有几个好朋友。）和"He didn't know the number of the people attending the exhibition."（他不知道参加这个展览的总人数是多少。）的句义大相径庭。再如 used to 和 be used to 这组短语，它们在意思、时态和结构方面截然不同。为了使学生更清楚地理解和准确运用，教师可以有意识地把这两个短语放在同一句子里，让学生观察、体会它们的用法："The old woman used to live in the countryside whose surrounding was quite used to her."（那位老太太过去住在乡下，她很习惯那里的环境。）"I used to live in the south. I'm living in the north now and I haven't been/got used to the climate here."（我过去住在南方。可现在我住在北方，这里的气候我还不是很习惯/适应。）

　　学生通常是通过学习课文和做练习来掌握语言点的，这种学习的零散性很有可能造成学生在运用知识时的片面性。采用归纳法进行语法教学时，教师可以先让学生接触一定数量的、具体的语言实例，让学生在理解句子结构和意义的基础进行大量的句型操练，并在适当的时候把一些零散的语言点相关联，使其系统化、网络化，这样才能使学生更好地掌握和自如地运用学过的知识。例如，在归纳总结 make 这个动词时，除了说明这个词的主要用法和特点，还要注意归纳学生已经学过的短语，如：make a mistake（犯错误）、make a living（谋生）、make a speech（讲演）、make a noise（吵闹）、make a decision（作出决定）、make a call（打电话）、make an excuse（找借口）、make a face（扮鬼脸）、make a sentence（造句）、make a promise（许诺）、make a fire（生火）、make fun of（取笑）、make peace（讲和）、make friends with（和……交朋友）、make progress（取得进步）、make out of（从……制取）、be made of/from（由……制成）、be made up of（由……组成）等。

面对上述问题，教师应遵循灵活多样的原则，采用对比法和归纳法，使学生能够正确理解其差异和相互联系，从而熟练、恰当、准确地掌握和运用这些短语。

此外，教师还应特别注意学生的学习个性，充分调动其自主学习的积极性，让他们主动地学习语言点。教师在讲解语言点前，可以先将教学大纲要求学生必须掌握的语言点简单呈现出来，然后让学生利用自己的工具书对这些语言点预习。这样下一节课教师可以直接给出一些习题，让学生分组做题，与学生共同分析，评出优胜小组，最后教师再对语言点进行归纳总结。习题的形式可以多样化，如选择、造句、改错、翻译等，而且教师可以根据相关的语言点，根据语言实际应用列出重点，在学生答对后，及时对学生进行鼓励。如此一来，学生的积极性会大大增强，同时也会克服英语学习的恐惧感。

"学生自主学习语言点"这种方法改变了传统的语言点教法，有助于学生逐步养成自主学习的好习惯，使他们在主动积极的状态中打下较好的语言基础。

四、重视语篇教学，培养学生的语篇理解能力

语篇教学是以篇章语言学理论为基础、由国外传入我国的一种较新的教学方法。它的重心主要在"篇"，而不在"句"，目的在于培养学生通览全篇的能力。

语篇分析在阅读教学中具有非常重要的作用。从教师的角度看，由于传统理论强调从音素-字母对应、词组-句子对译关系着手，语言点讲解往往不能紧扣上下文，即不能紧扣语篇语境作全面的分析。从心理语言学角度看，阅读实际是交流的互动过程，英语阅读其实就是对语篇的积极询问，是读者与作者进行积极的双向交流活动的互动过程。作者通过语篇展现其信息编码，而读者通过解码来获得语篇的含义。因此，在此过程中，学生应充分发挥主观能动性。

由于语篇教学法的重点强调以学生为主体，学生必须参与分析、推理、归纳、总结等认知过程。在教学实践中，根据篇章语言学理论，教师应主要引导学生根据标题预测大致内容，在预读的基础上回答一些启发性思考题。在正常课文教学的同时，选择学生感兴趣的、融知识性和趣味性为一体的、可读性强的课外阅读材料让学生阅读，让学生感到阅读是一种享受，不是呆板地"读"，而是"欣赏"文章。教师要在教学过程中，注意培养学生的阅读习惯，帮助其克服疲劳和倦怠心理，改正不良的阅读习惯。在英语教学过程中，教师要注重引导学生养成良好的阅读习惯。

篇章语言学理论赋予阅读教学深刻的理论内涵,要将语篇分析和阅读教学紧密联系在一起,这有助于学生在阅读过程中从被动转向主动,也有助于教师在教学中从单向交流转向互动交流,为阅读教学提供了具体方法上的借鉴。

上述内容表明了语篇在交际中的重要性。语篇在交际中有时要比句子的准确性更为重要。句子层次的语言训练是为语篇层次做准备,缺少这种准备,语篇水平上的交际就无法进行。所以,阅读教学要两手抓,在打好学生语言基础的同时,一定要重视语篇教学,培养学生语篇水平上的交际能力,否则学生在交际中就会处于被动。

阅读作为大学英语课程中的重要组成部分,理应担负起培养学生语篇理解能力的任务。在教学实践中,应从衔接与连贯这两个理解语篇结构的必要手段入手,了解句子之间、段落之间的逻辑关系,使学生从中体会语言基础现象所表现的交际功能,并在语言交际的动态环境中打好语言基础。这样做不但可以使学生掌握句子和语篇结合所表达的整体意义,把握全文的篇章主题和中心思想,还可以培养和提高学生的分析、归纳、综合的推断能力,通过增强他们对语篇表层衔接手段的意识和敏感度,以及对深层语义关系的逻辑判断力,使其最终提高语篇理解能力和交际能力。

上述几个环节是阅读教学中最关键的环节,决定着阅读课的成败。当然,其他环节教师也应注意,如在练习阶段,教师怎样避免充当核对答案的角色,就是非常值得研究的。此外,许多微型教学技巧,如语言的解释方式、启发式的提问、操练实践生动有趣等,都对阅读的教学效果起着重要作用,值得广大英语教师不断地进行研究与实践。

参 考 文 献

[1] 陈美华,郭锋萍,朱善华,等.大学英语"研究型"课程理论与实践:大学英语教学模式与课程建设研究[M].南京:东南大学出版社,2013.

[2] 陈品主,侯平英.大学英语教学理论与实践[M].天津:南开大学出版社,2013.

[3] 窦国宁.创客教育理念下的大学英语教学理论与实践[M].北京:企业管理出版社,2019.

[4] 冯莉.大学英语语法教学理论与实践[M].长春:吉林出版集团有限责任公司,2009.

[5] 傅力.大学英语教学理论与实践[M].北京:中国国际广播出版社,2004.

[6] 宫玉娟.大学英语教学模式改革创新研究[M].长春:吉林出版集团股份有限公司,2018.

[7] 国伟秋.大学英语语音教学理论与实践[M].长春:吉林出版集团有限责任公司,2009.

[8] 黄林林.MOOCs资源与大学英语课程教学:理论·技术·实践[M].北京:外语教学与研究出版社,2017.

[9] 姜涛.大学英语写作教学理论与实践[M].长春:吉林出版集团有限责任公司,2009.

[10] 蒋云华.网络环境下大学英语写作教学理论与实践[M].昆明:云南大学出版社,2012.

[11] 孔丽芳.大学英语课堂教学艺术与应用实践[M].北京:九州出版社,2018.

[12] 李红霞.大学英语教学研究[M].天津:天津科学技术出版社,2017.

[13] 李焱.大学英语课堂教学的理论与实践探索[M].北京:光明日报出版社,2018.

[14] 卢桂荣.大学英语教学研究:基于ESP理论与实践[M].北京:光明日报出版社,2013.

[15] 陆巧玲,周晓玲.网络环境下大学英语教学改革理论与实践[M].上海:上海交通大学出版社,2012.

[16] 任梅.新时代大学英语教育教学理论与实践研究[M].成都:四川大学出版社,

2018.

[17] 佟敏强.大学英语阅读教学理论与实践[M].长春：吉林出版集团有限责任公司，2009.

[18] 王瑞.大学英语听力教学理论与实践[M].长春：吉林出版集团有限责任公司，2009.

[19] 王晓玲，曹佳学.跨文化大学英语教学：理论与实践[M].成都：西南交通大学出版社，2015.

[20] 吴丹，洪翱宙，王静.英语翻译与教学实践[M].长春：吉林人民出版社，2017.

[21] 邢新影.大学英语口语教学理论与实践[M].长春：吉林出版集团有限责任公司，2009.

[22] 严明.评价驱动的大学英语课程教学管理理论与实践[M].哈尔滨：黑龙江大学出版社，2012.

[23] 杨振宇，陈高娃.大学英语教学理论与实践研究[M].北京：中国纺织出版社，2017.

[24] 叶平，姜瑛俐.研究性学习的原理、方法与实施[M].武汉：湖北教育出版社，2002.

[25] 于晶.大学英语课堂环境构建理论探究[M].长春：吉林人民出版社，2017.

[26] 张敏.大学英语教育教学理论与实践探究[M].北京：中国商业出版社，2018.

[27] 钟启泉."研究性学习"的基本内涵[J].上海教育科研，2005（2）：1.